Walter Schmidinger – Angst vor dem Glück

Walter Schmidinger, geb. am 28.4.1933 in Linz, lernte Verkäufer. 1951 begann er die Schauspielausbildung am Wiener Max-Reinhardt-Seminar. Nach kurzem Engagement am Wiener Theater in der Josefstadt folgten Engagements in Bonn, Düsseldorf, München, Berlin und Wien. Schmidinger arbeitete mit den wichtigsten deutschen und internationalen Regisseuren, darunter Peter Stein, Klaus Michael Grüber, Peter Zadek, Luc Bondy, Ingmar Bergman, Robert Wilson und Giorgio Strehler.

Stephan Suschke arbeitete als Regie-Mitarbeiter Heiner Müllers an dessen Inszenierungen am Deutschen Theater, beim Berliner Ensemble und bei den Bayreuther Festspielen. Ab 1994 Inszenierungen am Berliner Ensemble, dessen Künstlerischer Leiter er von 1997-1999 war. Seitdem freier Regisseur.

WALTER SCHMIDINGER
ANGST
VOR DEM GLÜCK

Herausgegeben von
Stephan Suschke

Mit einem Vorwort von
Klaus Maria Brandauer

Alexander Verlag Berlin

Es war leider nicht möglich, die
Rechteinhaber einiger Photos
ausfindig zu machen. Wir bitten
diese Photographen sich mit
dem Verlag in Verbindung zu setzen.

© by Alexander Verlag Berlin 2003
Alexander Wewerka,
Fredericiastr. 12, D-14050 Berlin
www.alexander-verlag.com
info@alexander-verlag.com
Umschlaggestaltung Wolfgang Scheffler,
unter Verwendung eines Photos von
David Baltzer/ZENIT
Druck und Bindung WB-Druck Allgäu
Alle Rechte vorbehalten.
ISBN 3-89581-097-5
Printed in Germany (May) 2003

Für Maximilian Villinger
17.11.1959-29.5.1999

Das sind die Starken im Land,
die unter Tränen lachen,
ihr eigenes Leid verbergen
und anderen Freude machen.

Spruch des heiligen Genesius,
dem Schutzpatron der Komödianten

Klaus Maria Brandauer
Vorwort

1965. Herbst. Düsseldorfer Schauspielhaus. Kantine. »Wer ist das auf dem Photo?« – »Vaschtehste misch rischtig, das ist der Walter Schmidinger!« war die Antwort vom Generalintendanten Karl Heinz Stroux auf meine Frage. Mit dieser Antwort ließ er es bewenden. Ich nicht. »Blaue Blüten« hieß das Fernsehspiel, das ich später zufällig gesehen habe. Die Schauspieler kannte ich alle, bis auf einen: hagere Gestalt, kraftvolles Gesicht. Es war nicht auszumachen, ob er Haare auf dem Kopf trug oder keine. Oder nur einen Flaum, wie ein Baby? Auch das Alter des Gesichts war nicht feststellbar. Einen Moment war es jugendlich leuchtend, neugierig und dann plötzlich so alt wie die Welt, wissend, malträtiert, ja sogar geschändet. Und manchmal schien es, als wollte es mir mitteilen, daß es mit seiner Existenz, also mit seinem »Am-Leben-Sein« überhaupt nicht einverstanden ist. Unterhalb vom Kopf befand sich – natürlich wie bei uns allen – ein Körper. Mit Armen, Beinen: schlank, asketisch, schmal und feingliedrig und im Verhältnis zum Kopf geradezu zierlich. Der Kopf und seine Gesichtslandschaft war so dominierend, daß ich meist das Gefühl hatte, daß zwischen Kopf und Körper kein Hals war, daß es zwischen Kopf und Körper keine Verbindung gibt. Mir schien, als wäre dem Kopf sein Körper lästig. Dieser Kopf mit seiner phänomenalen Speicherfähigkeit. Nichts wird nicht aufgehoben, alles wird gespeichert und ist jederzeit abrufbar. Ein enzyklopädisches Gedächtnis aller Wesentlichkeiten und Unwesentlichkeiten des deutschen Theaters der vergangenen Jahrzehnte – wobei beides eine Symbiose eingeht, deren Charme sich niemand entziehen kann!

Das war also der Walter Schmidinger. Mit dem muß ich

spielen, war ich mir sofort sicher. Spielen? Das wird schwer werden, das hatte ich schon in dem Fernsehfilm gesehen. Obwohl er sich mit den anderen unterhält, bleibt er immer ganz bei sich. Er spricht zwar mit den anderen, hat Interesse an dem, was sie sagen, geht auf sie ein. Aber gehört er auch dazu? Gehört er auch zu ihnen? Nichts Hochnäsiges oder Egozentrisches ist in diesem »Alleinsein«, und ich entschließe mich auch, zu spüren, daß es nichts Abgekapseltes oder Arrogantes hat. Nein, es hat sogar etwas Sympathisches. So ist er einfach. Das ist er. Vaschtehste misch rischtig, das ist der Walter Schmidinger!

Wien, April 2003

DIE DICKE MIZZI

Wenn ich ins Theater gehe, hoffe ich immer, daß ich etwas sehe, was ich noch nie gesehen habe. Wenn ein Abend wunderschön war, wie die Burgtheater-Inszenierung von Tschechows *Möwe* zum Theatertreffen mit lauter berühmten und guten Schauspielern, bleibt trotzdem eine kleine Enttäuschung, die sehr groß sein kann, weil ich nichts Neues gesehen habe, so wie damals bei der dicken Mizzi.

Als ich fünf Jahre alt war, sind wir auf den Jahrmarkt von Urfahr gegangen, der sehr armselig war. Meine Mutter hatte nicht viel Geld, deshalb hat sie mich vor die Wahl gestellt: »Walter, entweder wir gehen zu den Liliputanern, oder wir gehen zur dicken Mizzi. Aber das sage ich dir gleich, gelacht wird net!«

Da sie fürchtete, daß ich über die Liliputaner furchtbar lachen würde, gingen wir zur dicken Mizzi. Sie saß in einem Zelt auf zwei Stühlen. Links und rechts hing noch ein Stück Schenkel über jeden dieser Stühle. Daneben stand ein Mann, der aufgezählt hat, was die dicke Mizzi täglich ißt. Das war eine ungeheure Menge. Dann sagte er: Die Damen dürfen sich von der Echtheit der Fülle überzeugen. Da sind die Damen nach vorn gegangen. Sie hatte ein gelbes Kleid mit Trägern an, das hat sie geöffnet. Die Frauen haben sich eindringlich ihren Busen angeschaut, während die Männer und die Kinder hinten im Zelt stehenbleiben mußten. Als wir wieder draußen waren, fragte ich meine Mutter: »Und was hast du jetzt da gesehen?« – »Die hat genauso einen Busen wie andere, nur halt größer.« – »Das gibt's net, das gibt's gar nicht.« – »Ja, ein bissel größer, ist halt faltiger der Busen.« – »Warum können wir Kinder das nicht näher sehen?« – »Aber Walter, wenn ich das gewußt hätte, dann wären wir gar nicht hinein.«

Diese Jahrmarktsnummer hat auf mich einen ungeheuren Eindruck gemacht. Die dicke Mizzi war etwas, was ich noch nie gesehen hatte. Das hat mich auch immer an Theater interessiert: etwas zu spielen, was man noch nie gesehen hat.

LINZ

Linz war eine kleine, sehr ruhige provinzielle Beamten- und Bauern-Stadt. Die Bauern kamen von ihren Höfen zwei-, dreimal die Woche zum Markt in die Stadt, um ihre Viecher, ihr Obst und Gemüse zu verkaufen. Der Sitz der Landesregierung war dort und für mich, seit meinem sechsten Lebensjahr, das Theater.

Die Eisen- und Stahlwerke, die damals den Namen Hermann Görings trugen, waren im Entstehen, heute das größte Defizitunternehmen Europas. Sie wurden an einem Knie der Donau errichtet, an einem imaginären Hafen. An diesem Knie lag der Bauernhof meiner Großeltern. Dort war der fruchtbarste Boden, eine sehr feuchte, gesunde schwarze Erde, so daß man zweimal im Jahr ernten konnte. Dieser und andere Bauernhöfe wurden von den Nazis enteignet, und den Besitzern wurden andere Gehöfte mit Feldern und Wäldern angeboten.

Ich war ein verträumtes Kind. Verträumt und ängstlich. Ich bin immer ein Träumer gewesen, ich wollte in meinem Leben nichts anderes sein. Ich bin ein Träumer geblieben. Und ich bin voll Angst geblieben. Heute kann ich mit den Träumen und mit der Angst anders umgehen.

Ich hatte wunderbare Eltern. Sie hatten so gut wie kein Geld, auch keine glückliche Ehe. Mein Vater kam als hundertprozentiger Schwerinvalide aus dem Ersten Weltkrieg zurück. Da war er dreißig und für den Rest seines Lebens ein unglücklicher Mensch, weil er als Sohn eines Bauern neben fünf Brüdern gewohnt war, tagtäglich auf dem Feld zu arbeiten, was er nun aufgrund seiner Invalidität nicht konnte. Als Kriegsinvalide bekam man in Österreich keine Rente, sondern eine Tabaktrafik. In der stand meine Mutter. Sie und mein Vater hatten den Wunsch, daß es meinem Bruder Franz, meiner Schwester Anna und mir besser gehen möge als ihnen. Dafür haben sie alles getan, mit einer ungeheuren, liebevollen Phantasie, obwohl das Zusammenleben zwischen beiden kompliziert war.

Ich besaß eine Photographie, die ich weggeworfen habe, weil sie mich immer so traurig gemacht hat. Auf dem Photo saß meine Mutter auf einem Stuhl in einem Dirndlkleid, dahinter stand mein Vater mit der Prothese. Das Dirndl mußte sie sich ausleihen, um einmal im Jahr auf einen Ball gehen zu können. Die beiden gingen auf den Jägerball, und meine Mutter tanzte die ganze Nacht durch. Immer wenn ich das Photo sah, habe ich mir gedacht: Was muß ihm da so durch das Herz oder den Kopf gegangen sein, wenn die Frau Schmidinger die ganze Nacht tanzt.

Meine Mutter war eine große Künstlerin, eine Lebenskünstlerin. Sie war mit dem Talent der Schauspielerei begnadet, darauf beruhte auch ihr geschäftlicher Erfolg in der Trafik. Überlebenskunst. Der ständige Versuch, die Qual ihres Lebens, die Not und die eigene Verzweiflung zu überleben.

Sie hatte ein Traumbuch. Das hatte sie sich angeschafft, weil in der Früh die Leute in die Trafik kamen und wissen wollten, was ihre Träume bedeuten: »Frau Schmidinger, was mir wieder g'träumt hat!« – »Was hat Ihnen denn geträumt?« – »Ich hab' die Zähne verloren.« – »Zähne – Zähne – Zähne ... aah, das sage ich nicht.«

Sie hat auch den Kunden die Karten aufgeschlagen. Sie war

sehr abergläubisch und voller Liebe. Andererseits hat sie aber auch gewußt, wann sie zu den Menschen eine Distanz einnehmen, eine Grenze ziehen mußte. Sonst hätte sie den Kraftaufwand für meinen Vater und die drei Kinder nicht durchgestanden. Wenn wir wegen der Theaterferien im Sommer nicht ins Theater gingen, liefen wir auf den Pöstlingberg. Meine Mutter hatte eine Bierflasche mit einem Verschluß, die sie mit Kaffee gefüllt hatte. Sie legte sich auf eine Bank oder in die Wiese und träumte vor sich hin. Ich habe mich natürlich entsetzlich gelangweilt und gequengelt: »Mir ist so fad, mir ist so fad.«

Da hat sie Spiele erfunden, um mich zu beschäftigen, aber auch oft gesagt: »Ich muß jetzt eine Ruhe haben. Setz dich zu mir.«

Dann erzählte sie von Elisabeth, der Kaiserin von Österreich, ihrem Idol. Meine Mutter erzählte die Geschichte so, wie sie das Leben von Sissi aus der »Kronenzeitung« kannte.

ILLUSION UND WIRKLICHKEIT

Ich hatte eine ungeheuer theaterbegeisterte Mutter, die von meinem sechsten Lebensjahr an einmal im Monat mit mir ins Theater ging. Ich habe sie zur Verzweiflung gebracht, als ich die erste Aufführung sah: Schillers *Wilhelm Tell*. Tell hat einen Sohn, der heißt Walter. Er hebt den Jungen hoch und schmeißt ihn durch die Luft – zumindest in Linz. Da habe ich meine Mutter gefragt: »Liebt der Tell seinen Sohn, den Walter, hat er den lieb?« – »Das siehst du doch, das hast du doch g'sehen?« – »Ja, das meine ich ja nicht. Ich meine, wenn das Stück aus ist oder in der Pause, wenn der Vorhang unten ist, ob er dann den Walter auch gern hat?« – »Ja, aber er hätte ihn doch sonst nicht in die Luft geschmissen.«

Walter

Aber ich meinte etwas anderes. Ich wollte, daß das, was auf der Bühne geschah, Wirklichkeit war, auch wenn das Stück aus ist.

Das Linzer Theater war ein Empiretheater. Wir hatten kein Geld, deshalb hatten wir im dritten Rang die letzten zwei Plätze, Nummer 13 und 14. Man konnte alles sehen, was auf der Hinterbühne geschah. Das zweite Stück, das ich sah, war *Rheingold;* die Rheintöchter schwebten hinunter und schwebten hinauf. Von unseren Plätzen aus sahen wir die starken Bühnenarbeiter, die diese dicken Weiber an den Schnüren zogen. Es war faszinierend, die Illusion zu sehen und wie sie hergestellt wurde.

Ich kann nicht beschreiben, worin die Faszination bestand. Ich weiß nur, daß ich so betroffen, so berührt war, daß ich schon als Fünfjähriger nach einer Vorstellung nicht mehr reden konnte und mit meiner Mutter auch nicht mehr reden wollte. Ich wußte nicht, wie oder warum ein Schauspieler das in einer bestimmten Art und Weise macht. Aber ich habe alles auswendig gelernt und für mich gespielt. Nach dem zehnten, zwanzigsten Mal Angucken konnte ich das reproduzieren.

Später hat mir das nicht mehr genügt; ich war erpicht darauf, herauszukriegen, wie bestimmte Schauspieler oder Schauspielerinnen es fertigbringen, daß ich an einer bestimmten Stelle das Taschentuch heraushole, weine und mit mir der ganze Zuschauerraum. Das habe ich auch geübt. Nach ein paar Bier habe ich im Wirtshaus gesagt: »Jetzt spiele ich euch was vor.« Da konnte ich dann beobachten, daß denen auch Tränen in die Augen traten.

SUBSTANZ DES NERVÖSEN KÖRPERS

Der Regisseur Karl Heinz Stroux hat mir später gesagt, daß ich immer aus meiner Substanz Theater gespielt habe; aus der Substanz meines Nervenkostüms, meiner seelischen Überanstrengung, meiner Angst. Ich habe immer gespielt, indem ich versucht habe, mich in die Situation der Bühnenfigur einzuleben. Es kam vor, daß ich auf der Bühne geweint habe, aber im Zuschauerraum kein Mensch. Wie Josef Kainz sagte: »Früher habe ich auf der Bühne geweint – die Leute lachten.« Heute lache ich, und die Leute weinen. Stroux sagte zu mir: »Man kann nicht jeden Abend in der gleichen Verfassung sein, du mußt jetzt langsam lernen, dir ein technisches Gerüst zu bauen, das aus einer bestimmten Musikalität besteht, nach bestimmten musikalischen Gesetzen funktioniert.«

Wenn man ruhig für sich, stumm oder flüsternd, eine Rolle durchgeht, dann kommt plötzlich der Moment, wo man von den Stimmungen des Dichters so berührt ist, daß man das Gefühl hat, nahe am Weinen zu sein. Da sich in den verschiedenen Stadien von seelischer Verfassung die Stimme, die Sprechweise und der Rhythmus ändern, muß man darauf hören, in welcher stimmlichen Lage man in dem Moment ist, und versuchen, diese Lage der Stimme und des Sprechens musikalisch zu notieren, wie in einem Lied Robert Schumanns oder wie in einer Arie Mozarts. Wenn man die Fähigkeit hat, die Gefühle, die diese Noten zum Ausdruck bringen sollen, zu fühlen, wenn man die Fähigkeit hat, die Noten mit diesen Gefühlen zu bedienen, hat man die Chance, es zu wiederholen. Dabei gibt es natürlich besonders am Anfang viele Schwankungen, und das funktioniert nicht immer. Ich habe mich einmal hingesetzt und mir Robert Schumanns *Dichterliebe* angehört und dann Heine-Gedichte im Rhythmus und in der Stimmlage von Robert Schumann gesprochen – wie ein feines, hingewehtes Nichts. Wenn man diese Stimmung trifft, die Zuhörenden daran teilhaben läßt, daß über Liebe mit dieser Leichtigkeit parliert wird, erreicht man sie auf ganz eigene Weise.

Ich habe seit meinem elften Lebensjahr Operetten gehört und gesehen. Ich sang sie immer auf dem Heimweg. Weil ich wußte, wovon sie handelten, in welcher Situation sich die Figuren befanden, konnte ich daraus lernen. Bei den Operetten habe ich immer geweint. Ich habe nur nicht zustande bringen können, daß die Menschen weinen. Aber ich habe es immer wieder probiert. Nach den Platten von Zarah Leander, Hermine Körner, Joana Maria Gorvin, Elisabeth Bergner, Fritzi Massary habe ich Stimmübungen gemacht. Was hatte die Massary für eine Resonanz? Die hatte eine Brustresonanz, eine Resonanz im Gaumen, eine in den Stirnhöhlen, in der Stirn, die hatte Töne ... die hatte gar keine so tolle Stimme; aber was sie mit ihrer Stimme aufführte, war ungeheuer.

FAMILIENBANDE

Meine Mutter war eine große Schauspielerin. Sie konnte sehr gut erzählen, zum Beispiel von einer Soubrette aus Linz, Luise Kartusch, von der sie berichtete, sie habe Augen wie Tollkirschen. Mit denen hat sie alte Männer verrückt gemacht, auch den Juwelier Eder. Eines Tages ist der Juwelier Eder zu ihr in die Garderobe gekommen mit einem Etui aus rotem Samt, da waren ein paar wertvolle Ringe drin. Das hat er geöffnet und gesagt: »Suchen Sie sich einen aus.« Sie hat die Ringe angesehen, dann ihn, dann wieder die Ringe, bevor sie sagte: Ich könnte keinen entbehren. Er hat den Deckel des Etuis zugeklappt und ist gegangen. Er ging in seine Goldschmiede, Bethlehemstraße 1c, und oben im ersten Stock hat er sich erschossen. Daß eine Schauspielerin, eine Soubrette, eine solche Wirkung, eine solche Faszination auf einen Mann ausüben konnte, das war für mich auch Theater.

Meine Mutter hat in der Tabaktrafik ein vollendetes Theater gespielt, mit den Kunden, mit meinem Vater und mit mir. Sie überspielte ihr Elend, um niemandem zu zeigen, wie ihr eigentlich zumute war, schon gar nicht mir. Sie wollte verhindern, daß sich irgendeine Traurigkeit auf mich legt.

Meine Schwester war mit einem SS-Mann verheiratet. Sie hatte zwei Kinder, der Mann war an der Front. Als Frau eines SS-Mannes hatte sie die Möglichkeit, einen italienischen Gastarbeiter zu beschäftigen, der ihr im Haus half. Er half nicht nur dort – es entwickelte sich eine Affäre. Meine Schwester wurde von den Nachbarn denunziert, daraufhin angeklagt und kam vor Gericht. Während der Verhandlung sagte mein Schwager, der SS-Mann: »Wenn meine Frau sich entschuldigt, dann ist alles in Ordnung.« – »Nein, da kann er lange warten.«

Die Ehe wurde geschieden. Die Tochter kam in ein Kinderheim, der Sohn zu den Eltern ihres Mannes, der in der Verhandlung gesagt hatte: »Dann bringen Sie meine Frau in ein Konzentrationslager, am besten nach Ravensbrück, damit ich weiß, wo ich sie nach dem Kriege abholen kann.« Das hat einen schwarzen Vorhang über meine Eltern gezogen, der mich ununterbrochen dazu veranlaßte zu beteuern: Sie kommt schon wieder heraus, ihr müßt nicht traurig sein, sie kommt schon, sie kommt schon. Paßt auf, in einem Monat ist sie wieder da. Darauf schrieb meine Mutter dem Mann meiner Schwester, diesem Franz Kortner, einen Brief, er möchte sie aus dem KZ herausholen, er möge sie nicht zugrunde richten. Wir wußten nicht, daß diese Briefe von der Gestapo abgefan-

Anna (geb. Steininger) und Franz Schmidinger, Eltern

gen wurden. Meine Mutter wurde zur Gestapo zitiert, zu einem Herrn Dr. Stichnoth. Sie kam nach Hause und hat von dem Gespräch berichtet. Sie erzählte, Herr Dr. Stichnoth habe gesagt, sie solle sich dafür schämen, daß sie so eine Tochter habe. Meine Mutter hatte geantwortet: Dann sollte ich mich vielleicht auch schämen, daß mein Sohn in Stalingrad kämpft.

Als sie diesen Satz wiederholte, fiel sie in Weinkrämpfe. Dann begann sie wieder von vorn, aber immer wenn sie an diesen Satz kam, wurde sie so von Weinkrämpfen geschüttelt, daß mein Vater sie abwechselnd zu beruhigen versuchte und mit ihr schimpfte: »Anna, jetzt fang doch net wieder an, das hilft doch nichts.«

Das wiederholte sich mehrere Male, aber sie kam nicht über diesen Satz hinaus. Von diesem Moment an konnte meine Mutter nie wieder reden. Am 3. Dezember 1943 verschwand sie.

Mein Vater ging mit mir in die Vermißtenabteilung des Polizeipräsidiums der Stadt Linz, anschließend zur Gestapo, zu Dr. Stichnoth, dann zur Ortsgruppe der NSDAP. Wir klapperten alle Behörden von Linz ab, schließlich hatten wir sechs Berichte der Vermißtenabteilung des Polizeipräsidiums, verschiedene Zeugenaussagen, wo Frau Anna Schmidinger zuletzt gesehen worden war. Wenn ein Mensch verschwindet, hofft man eine gewisse Zeit, daß er wiederkommt. Ab einem gewissen Punkt hofft man nicht mehr und findet sich mit der Tatsache ab, daß er verschwunden ist. Er ist nicht tot, er lebt in einem merkwürdigen Zwischenreich.

Trauer habe ich immer verdrängt. Trauer, wie beim Tod meines Freundes Maximilian, tritt ja nicht in dem Moment ein, wenn man glaubt, sie müsse eintreten.

Der Krieg ging zu Ende, und meine Schwester kam, wie

durch ein Wunder, aus Ravensbrück zurück: Im Lager hatte sie Typhus bekommen. Die KZ-Aufseher und -Aufseherinnen, die die anderen Insassen in das Trommelfeuer der Russen gejagt hatten, wollten diese Typhuskranken nicht tragen. So erlebte sie die Befreiung, sie überlebte sie auch dank einer jüdischen Freundin, die ihr verbot, zu essen. Die meisten von den wenigen Überlebenden haben sich überfressen. Wer nicht vorher verhungert war, starb jetzt an dem Zuviel.

Meine Schwester ist mit anderen auf einem Wagen, der von zwei Pferden gezogen wurde, durch die Tschechoslowakei gefahren, und eines Tages lasen wir eine Notiz in den Österreichischen Nachrichten, daß eine Gruppe von Konzentrationslagerinsassen aus Ravensbrück in Bad Ischl zur Erholung angekommen sei. Da hat mich mein Vater hingeschickt. Das war meine erste Reise mit dem Zug. Ich habe meine Schwester gesucht, konnte sie aber nicht finden. Vierzehn Tage später war sie aber zurück. Mein Vater hat furchtbar geweint und gesagt: »Jetzt hat der Walter wieder eine Mutter.« – »Ich habe die besten Jahre meines Lebens dadrin verbracht. Jetzt lebe ich«, hat sie geantwortet.

Sie kam in ein Auffanglager, wo Ungarn untergebracht waren. Dort hat sie den schönsten Ungarn kennengelernt und in Linz geheiratet. Mein Vater und ich wurden mit einer Droschke abgeholt, einem Fiaker. Mein Vater hatte sich ganz besonders herausgeputzt. Er legte das einzige Erbstück an, das für mich bestimmt war, eine dicke Bauernuhr. Die ganze Nacht wurde im »Hotel Krebs« gesungen: »Bella bella bella Marie« und »Wenn bei Capri die rote Sonne im Meer versinkt«. Mein neuer Schwager hat meiner Schwester die ganze Nacht Csárdás tanzen beigebracht. Früh am nächsten Morgen sind wir nach Hause. Mein Vater war irrsinnig besoffen, aber doch glücklich, bis er am nächsten Tag entdeckte, daß ihm die Ungarn die Uhr gestohlen hatten. Meine Schwester ging mit ihrem neuen Mann nach London, von dort wollten sie weiter nach Amerika. In London ließ er sie sitzen. Sie kam zurück.

Eines Tages, es war ein Jahr nach Kriegsende, klopfte es an der Tür. Vor der Tür stand ihr geschiedener SS-Mann: halbseitig gelähmt, Epileptiker, Kopfschuß in Frankreich an der Front. Sie ging hinaus, kam zurück, und ich fragte: »Was war?« – »Ja, er hat gesagt, wir sollen wieder heiraten, die Kinder brauchen eine Mutter.« – »Anni, das hältst du doch nicht aus!« – »Doch. Durch die Heirat mit dem Sándor Dörák bin ich staatenlos. Durch die Heirat mit dem Franz kriege ich die österreichische Staatsbürgerschaft, die Kinder brauchen wirklich eine Mutter. Schau, Walter, hast du nicht gesehen, er lebt nicht mehr lange, und ich habe dann eine gute Rente.« – »Ja wenn du glaubst.«

Es dauerte Jahre. Er wurde immer dicker, immer gesünder.

Ich hielt ihn für mitschuldig am Verschwinden meiner Mutter. Aber meine Schwester sagte zu mir: »Er ist eh so gestraft, sei lieb zu ihm.« Als er das Gefühl hatte, mir vertrauen zu können, sagte er: »Komm, wir gehen ins Schlafzimmer.«

Er öffnete einen der Schränke. Da hing seine SS-Uniform mit Stiefeln, mit dem Koppel, mit allem Drum und Dran. Er sagte: »Daß der Hitler verbrannt ist, ist eine Lüge.« – »Ja.« – »Der ist drüben in Argentinien oder in Brasilien, irgendwo. Sobald er wiederkommt – ich bin der erste, der mit ihm marschiert.«

Ein gelähmter, kranker Mann, der stolz war auf die vier Urkunden über seine Zugehörigkeit zur NSDAP, die an der Wand hingen.

Meiner Schwester zuliebe war ich jeden Sommer in den Ferien acht Tage »zu Hause«. Eines Tages kam ein Bericht im Fernsehen über Ravensbrück. Meine Schwester ging zum Fernseher, zog den Stecker aus der Steckdose und sagte: »Komm, Franz, wir gehen ins Bett.«

Nach über zwanzig Jahren rief sie mich um halb sieben Uhr früh in München an und sagte: »Der Franz ist tot. Schlaf weiter, ich ruf' dich zu Mittag wieder an.«

Zu Mittag rief sie an und sagte: »Er ist schon verbrannt, in Linz.« – »Aber Anni, wozu denn diese Eile?« – »Walter, ich werde dir was sagen. In Haag sind so viele Nazis, so einen Leichenschmaus kann ich mir nicht leisten.«

Er hatte den letzten Atemzug getan, sofort hat sie bei der Bahn in Vöcklabruch angerufen: »Können Sie noch einen Sarg nach Linz ins Krematorium bringen?«

»Ja«, sagte der Bahnbeamte, und schon war der Franz verbrannt. Dann ergab sich meine Schwester dem Suff.

ARMELEUTEKINDHEIT

Die Kindheit bis zu meinem vierzehnten Lebensjahr war schön. Weil ich mit einer mir erst heute erklärbaren Kälte und Distanz nichts an mich herankommen ließ, nichts. Ich weiß noch, wie mein Vater gesagt hat: »Wann wird die Mutter wiederkommen?«, worauf ich geantwortet habe: »Sie wird schon kommen, ich möchte einstweilen die Lebensmittelmarken ordnen.«

Als mein Bruder in Stalingrad vermißt war, habe ich gefragt: »Jetzt braucht er den Anzugstoff, den er sich gekauft hat, nicht mehr. Kann ich den für die Tanzschule haben?« – »Ja.«

Auch das Schicksal meines Vaters hat mich damals nicht berührt. Aber heute sehe ich ihn vor mir sitzen: Einen Mann, der kaputt aus dem Ersten Weltkrieg zurückkam, durch den Krieg gezeichnet, selig darüber, daß sein Sohn in den Rußlandfeldzug ging. Schon mit zehn Jahren dachte ich: Mein Vater ist verrückt, der ist total verrückt.

Mein Bruder hatte Fronturlaub. Er hatte meiner Mutter geschrieben, er habe eine Braut, Anneliese Bossier aus Langenfeld bei Düsseldorf, und die wolle er uns allen vorstellen. Jetzt ging der Zirkus los. Meine Mutter sagte: »Unsere Wohnung muß gestrichen werden.«

Die Küche mußte ausgeräumt werden, es wurde gemalert. Damals gab es noch diese Walzen. Zuerst kamen die grünen Blätter, dann die rosa Röschen und schließlich die blauen Disteln. Das waren die Höhepunkte im Leben der armen Leute. Dann sagte meine Mutter: »Ich hätte noch gern einen Seidenglanz.«

Ich sehe sie noch vor mir sitzen, wie glücklich sie in diesem Moment war. Ich fand das immer schön: die Sehnsüchte der kleinen Leute. Es ist schwierig, das heute am Theater darzustellen. Es kann kaum ein Schauspieler einen einfachen Menschen spielen. Weder einen Arbeiter noch einen Fiakerführer, von einem Bauern ganz zu schweigen.

Im »Hotel zum Nibelungenhof« wurde ein Doppelzimmer gemietet. Meine Mutter ist bei den Leuten herumgegangen und hat Geld geliehen. Nun kam die Anneliese, eine zauberhafte Frau, und brachte Stullen mit – auf denen war aber nichts drauf –, glücklicherweise hatten wir noch Schmalz. Alle aßen, und meine Mutter sagte: »Jetzt singst du der Anneliese und dem Franz etwas vor von der Zarah Leander.« – »Das wird die Anneliese nicht interessieren.« – »Doch.«

Kurze Zeit vorher, ich war sechs oder sieben Jahre alt, waren wir in einem Film mit Zarah Leander gewesen: *Premiere.* Ich war so beeindruckt von dem Film, daß ich wieder mal

nicht redete. Meine Mutter hat mich geschnappt und durch-
geschüttelt: »Wirst du was reden?« – »Nein, ich rede nicht.«

Zu Hause angekommen, erbat ich mir den Sonntagshut
meiner Mutter, den habe ich aufgesetzt. Wir haben in der
Mansarde gewohnt. Dann bin ich alle Treppen runtergegan-
gen, und habe das Lied der Zarah Leander gesungen, bis die
Leute aus ihren Wohnungen herauskamen. Dasselbe habe ich
der Anneliese vorgesungen: »Ja, was fang ich mit meinem
Herzen an, wenn ich niemanden hab', dem ich's schenken
kann.« Gesungen habe ich den ganzen Tag, berauscht von
dem Kitsch.

Oder: Meine Mutter reißt mich mit vier Jahren aus dem
Bett, wickelt mich in eine Decke, rennt mit mir auf den
Friedhof. Ich frage: »Was machen wir denn auf dem Friedhof?« – »Ein Erdbeben ist im Anzug.« – »Ja, warum rennen
wir dann auf den Friedhof?« – »Da können keine Häuser ein-
stürzen.«

Nach drei Stunden sind wir nach Hause, da wartete mein
Vater, gestiefelt und gespornt: »Es ist kein Wunder, daß der
Walter verrückt wird bei dieser Mutter, das ist ja furchtbar.«

So haben sie mich im Streit immer abwechselnd beschützt.
Nach drei Tagen stand in der Zeitung, daß beim Meteorolo-
gischen Institut ein Erdbeben von der Stärke fünf gemeldet
worden war. Da hat sich meine Mutter extra von der Tabaktrafik heraufgemacht und meinem Vater die Zeitung mit der
Meldung hingelegt.

ALLTAG IM KRIEG

1943 ist etwas geschehen. Damals gab es Kettelringe, ganz
dünnes, billiges Gold. Man hatte solche Ringe aus Dublee,
weil die Bauern kein Geld für echte goldene Ringe hatten.

Meine Mutter hat ihren Ring dem Franz gegeben, der Vater seinen der Anneliese. Franz hat ein Paket mit einem dünnen Spagat (Bindfaden) geschnürt. Dabei zerbarst sein Ring in tausend Splitter. In dem Moment, wo dieser Kettelring durch die Gegend flog, sagte meine Mutter zu meinem Bruder: »Du kommst nicht wieder zurück.«

Ich weiß, daß ich gelacht habe. Meine Mutter hatte einen dunklen Aberglauben, der mit Katholizismus gemischt war.

Mein Vater war anders. Er, der so stolz darauf war, daß der Sohn in den Krieg ging und noch dazu in Richtung Stalingrad, hat nach dem Krieg gesagt: »Walter, er kommt nicht mehr, der Franz. Er kommt nicht mehr. Weißt du, der hockt in Sibirien. Ich glaube, er hat in Sibirien eine brave Frau gefunden, und in Sibirien ist die Erde so fruchtbar, da ist die schwarze Erde, daß man zweimal im Jahr ernten kann. Er wird sich denken: Wer weiß, ob die Eltern und der Walter und die Annie noch leben, und diesen traurigen Anblick will ich mir ersparen. Ich bleibe mit dieser lieben, lieben Russin in Sibirien.«

Ich habe immer nur gelacht. Ich wollte den nächsten Zarah-Leander-Film sehen, und mit alldem nichts zu tun haben.

Ich war sicherlich ein schwieriges Kind. Meine Mutter hat mich mehrere Male eindringlich gebeten, wenn ich in der Tabaktrafik war, Heil Hitler zu sagen. Von meinem fünften Lebensjahr an habe ich nicht mehr Heil Hitler gesagt. Aber nicht weil ich eine Abneigung gegen die Nazis gehabt hätte, sondern weil ich prinzipiell das Gegenteil von dem gemacht habe, was mir gesagt wurde. Klaus Piontek hat mich mal gefragt: »Na, haben Sie auch den Hitler empfangen?« – »Ja. Als ich sechs war, 1939, stand ich mit meiner Mutter auf der Straße, und wir haben geschrien: »Lieber Führer, komme bald, unsere Füße sind schon kalt!« Da hat der Piontek gelacht.

Aber eigentlich ging die Nazizeit mehr oder minder spurlos an mir vorbei, bis auf die Bombenangriffe.

Linz mußte, wegen der Hermann-Göring- und der Stickstoffwerke verdunkelt sein. Anderenfalls drohte eine hohe Strafe. Eines Tages hatte eine Sprengbombe das gesamte Dachgestühl weggerissen. Wir waren gerade auf dem Weg in den Keller; mein Vater und ich sind in einem Kühlturm gestanden, und in dem Moment haben englische Flugzeuge Hunderte brennende phosphorgetränkte Brandbomben, sogenannte Christbäume abgeworfen. Die ganze Stadt war erleuchtet. Mein Vater sagte: »Schau, Walter, wir haben Weihnacht, und jetzt gehen ma.«

Er hat immer etwas gefunden, was mich vor dem, was eine noch größere Angst in mir hätte auslösen können, abgelenkt und geschützt hat.

Meine Schwester war wie meine Mutter eine große Schauspielerin. Eins dieser Schauspiele meiner Kindheit war der »Strumpfzauber«. »Strumpfzauber« war ein flüssiges Mittel, das sie auf die Beine aufgetragen hat. Das hat geglänzt wie Seidenstrümpfe. Dann hat sie einen Dermatographen genommen und von der Ferse bis zum Arsch hinauf eine Naht gezogen. Wenn mein Vater das sah, hat er immer gesagt: »Das gnädige Fräulein geht heute nicht aus.«

Dann hat sie sich aufs Fensterbrett gesetzt und gesungen: »Regentropfen, die an dein Fenster klopfen, das merke dir, die sind ein Gruß von mir ...« Sie hat geguckt, und ich habe sofort gesehen, da unten geht ein Leutnant oder ein Gefreiter. Mein Vater hat gesagt: »Ich bitte dich, damit die Singerei aufhört, geh!«

Ich ging ihr nach und sagte zu ihr: »Wenn du mir nicht zwei Schillerlocken schenkst, sag' ich dem Vater, mit wem du gehst. Kriege ich zwei Schillerlocken oder nicht?«

Da hat sie mir Geld gegeben für Schillerlocken. Das war für mich der Krieg.

Ich hatte einen Freund in der Schule, den Mitter. Seiner Mutter, einer sehr schönen Frau, gehörte das »Rosenstüberl«, ein Tanzlokal. Wenn wir von der Schule nach Hause kamen, haben wir immer gemeinsam Schularbeiten gemacht. Wir saßen im Café »Rosenstüberl«, in der Mitte war die glänzende Tanzfläche, auf den Tischen standen die noch hochgestellten Stühle, und in der Luft hing dieser Geruch von Wein, Fusel und kalter Zigarettenasche. Diese unbeleuchtete Tanzbar hatte für mich eine große Faszination. Später erfuhr ich, daß Adolf Eichmann häufig in dieser Bar getanzt hat.

Mir ist unsere Zweizimmerwohnung auf dem Dachboden in Erinnerung. Durch eine Sprengbombe hob sich der ganze Dachstuhl in die Höhe und krachte auf unsere beiden Zimmer und die Küche – alles war kaputt. Während mein Vater noch mit einem Stock in den Trümmern herumstocherte und dabei seine Kriegsmedaillen gefunden hat, dachte ich mir: Wir können nur schönere Möbel bekommen. Unter der Tatsache, daß wir die Wohnung verloren hatten, litt ich überhaupt nicht.

Wir wurden evakuiert und bekamen Unterkunft in Pferdestallungen der Fa. Frank & Kathreiner, einer Malzkaffeefirma. Man roch den Duft des gerösteten Malzkaffees schon von weitem. Die Ortsgruppe Linz der NSDAP hat uns Möbel zur Verfügung gestellt. Scheußlich. Ich hätte mir nie vorstellen können, daß es noch häßlichere Möbel gibt als die verbrannten.

ERSTE KUNSTERLEBNISSE

Trotz des Krieges wurde begonnen, das umzusetzen, was sich Hitler und Albert Speer in ihren Entwürfen und Plänen für Linz ausgedacht hatten. Die Nibelungenbrücke wurde gebaut. Auf der Linzer Seite, links und rechts mit zwei furchtbaren Statuen, die ich schon als Kind wegen ihrer Monumentalität als beängstigend empfunden habe. Je näher die Truppen kamen, die sogenannten Befreier, desto eifriger wurden diese scheußlichen Plastiken mit Holzplanken geschützt, damit sie nicht von einer feindlichen Flinte beschädigt werden konnten.

Links davon lagen zwei Monumentalbauten im Stile Speers, in denen die Sammlung Wolfgang Gurlitt untergebracht war. Gurlitt war einer der großen Kunstsammler seiner Zeit. In dieser Sammlung sah ich das Werk von Alfred Kubin. Es war meine erste Berührung mit bildender Kunst. Diese Kubinschen Visionen haben mich mit Ekel und mit Angst erfüllt, mich um den Schlaf gebracht, weil sie so unheimlich waren.

In dieser Galerie, wo es diese wunderbaren Bilder gab, haben wir am Abend, wenn sie geschlossen war, geprobt. Dort gab es auch einige Selbstbildnisse, Portraits und Ölgemälde, Aquarelle von Oskar Kokoschka, die mich ungeheuer beeindruckten.

STILLE: BEFREIUNG DURCH
DIE AMERIKANER

Wir hatten Angst vor den Russen. Es wurde geredet, daß sie Leute niedergeschossen und Nazis aufgehängt hätten, Greuelmärchen. Dann hörten wir im Radio, daß die Amerikaner im Anmarsch auf Linz waren. Sie sind mit Panzern und mit

Autos eingefahren, und die Leute haben gejubelt, genauso wie vorher bei Hitler. Dreihundert Meter von uns entfernt, in der Diesterweg-Schule, wurden sie einquartiert. Das hat sich sofort herumgesprochen. Wir gingen dorthin und sagten: »Please, give a chewing gum.« Dann haben wir Kaugummi bekommen – oder nicht. Bei uns entstand der Eindruck, daß Befreier angenehm und gut sein können. Wir hörten keine Bomben, keine Sirenen und kein Schießen mehr. Wir mußten nicht mehr in die Luftschutzkeller rennen. Es wurde plötzlich sehr still, ganz alltäglich.

Im Volksempfänger hörten wir, daß die Amerikaner sämtliche Lebensmittellager geöffnet hatten. Mein Vater sagte: »Da hast du einen Rucksack und zwei Taschen, geh in dieses Lebensmittellager und bring mit, was du tragen kannst.«

Ich ging hin, die Plünderung war in vollem Gange. Ich wollte mit den Händen Mehl in eine Tasche schaufeln, bekam einen Stoß und lag in dem Mehlhaufen. Ich sah nichts mehr. Als ich wieder zu mir kam, war kaum noch Mehl da. So kam ich mit einer mageren Ausbeute nach Hause: einem halben Rucksack voll Mehl, einer Tasche voll Trockenzwiebeln und einer Tasche voll Brausepulver. Mein Vater, der oft an mir verzweifelt ist, hat aus den Trockenzwiebeln Zwiebelsuppe gemacht und aus dem Mehl eine Mehlsuppe mit Kümmel.

In der Schule gab es amerikanische Schulausspeisungen, im amerikanischen Informationscenter auf der Ecke Spittelwiese konnte man alle Schallplatten bekommen, alle Filme von Fred Astaire sehen. Auf einmal war die ganze amerikanische Kultur in Linz, das war ungeheuer.

Natürlich gab es Carepakete für Bedürftige, unter die mein Vater als Schwerinvalide und ich als Minderjähriger fielen. Es kamen neue Lebensmittelkarten, und tatsächlich gab es, wenn auch in bescheidenstem Rahmen, etwas zu essen. Nicht nur weil die Österreicher Genies im Schwarzmarkthandel sind, hat sich das Leben schnell normalisiert. Wir hatten schnell einen Bürgermeister, einen Landeshauptmann. Die Kirche blühte wieder auf in aller Pracht. Es gab große Fronleichnams-prozessionen, große Maiandachten im Alten Dom. Ich erinne-re mich an die Düfte der Frühlingsblumen, den Weihrauch-geruch, die geschmückten Altäre und die mehr oder minder Gläubigen. Zusammen mit den Gebeten, den Gesängen und den Klängen der Orgeln war das ein berührendes Schauspiel, das auf mich einen großen Eindruck gemacht hat.

THEATER SPIELEN

Als Siebzehnjähriger unternahm ich mit der katholischen Ju-gend eine Italienreise. Wir waren in Rom und sahen dort Papst Pius XII. bei einer Massenaudienz im Petersdom. Als der Papst, der in zehn oder zwölf Sprachen gesprochen hatte, sagte: »Ich begrüße die katholische Jugend Linz, Alter Dom. Tragen Sie den Frieden in die Welt!«, habe ich gedacht, ich bin die heilige Johanna. Ich habe mich wohl gefühlt in der Kirche, weil sie mir Gelegenheit gab, Theater zu spielen.

1943 hatte ich gehört, daß im Dom bei der Katholischen Jugend Theater gespielt wurde. Da bin ich hin. Ich war gott-gläubig, aber nicht katholisch, und habe gesagt, daß ich im-mer in die Messe in der Familienkirche gehe. In der Famili-enkirche habe ich gesagt, ich gehe in den Alten Dom. Sie sind dahinter gekommen – Pater Reichlin ließ mich rufen und fragte: »Bist du gottgläubig?« – »Ja.« – »Willst du wieder in die Kirche eintreten?« – »Ja, aber ich sage Ihnen gleich, das ist schwer, wegen meinem Vater.« – »Ich besuche deinen Vater und rede mit ihm.« – »Aber bitte nicht im Ornat, im Priestergewand, privat.« – »Nein, nein, ich gehe privat hin, und ich hoffe, du bist da.«

Mein Vater empfing Pater Reichlin. Sie sprachen sehr ausführlich, sehr offen, und ich genierte mich zu Tode. Mein Vater hat mir zuliebe zugestimmt, daß ich in die Kirche aufgenommen werde.

Nach einiger Zeit konnte mein Vater die Schulbücher, obwohl die aus zweiter Hand waren, die Geige und den Klavierunterricht nicht mehr bezahlen. Er fragte mich, ob ich denn nicht eine Lehre machen könne, wo ich schon ein wenig Geld verdienen würde. Ich habe ja gesagt. Dann habe ich mich hingesetzt und englische Vokabeln geschrieben: das englische Wort, die Lautumschrift und das deutsche Wort. Plötzlich stand mein Vater hinter mir und sagte: »Du hast mir grad vorhin gesagt, daß du morgen hingehst und sagst, daß du nicht mehr kommst.« – »Ja, das habe ich jetzt vergessen.«

Da war ich vierzehn. Da wurde mir bewußt, daß dieser Vorgang des Vokabelschreibens in einem extremen Kontrast zu dem stand, was ich zu meinem Vater gesagt habe. Ich habe oft in Scheinwelten gelebt und wollte die wirkliche nicht wahrnehmen.

Dann begann die Lehre. Am Abend war ich Theater spielen, und mein Vater war den ganzen Tag allein. Drei Jahre den ganzen Tag allein. Ich habe auf alle Versuche, die mein Vater angestellt hat, damit ich ihm Gesellschaft leisten oder mit ihm reden würde, nicht reagiert. Im Gegenteil. Schon früher hatte ich mir manchmal gedacht: Wenn meine Eltern nicht leben würden, könnte ich gleich zum Theater. Schneller, als ich dachte, waren sie gestorben.

Mein Vater nahm sich das Leben, ist in die Donau gegangen. Strindberg, *Traumspiel,* 1. Akt: »Das Leben besteht aus Wiederholungen.«

Wieder gab ich eine Vermißtenanzeige auf, nachdem ich zuerst all seine Papiere durchsucht und seine Unternehmungen, die aus Heiratsannoncen bestanden, erforscht hatte. Ich ging aufs Rentenamt, denn Hitler hatte eine Invalidenrente eingeführt. Dann forderte mich das Vermißtenamt auf, seine Beinprothese zu identifizieren.

Er wurde auf dem Acker eines Bauern begraben, wie alle Selbstmörder. Der Pfarrer sagte zu mir: »Ja, wenn wir gewußt hätten, es gibt jemanden, der noch für die Beerdigungskosten aufkommt, hätten wir ihn natürlich auf dem Kirchhof begraben.« Ich war streng katholisch erzogen. Ich ging zu dem Totengräber und wollte wissen, auf welchem Acker mein Vater begraben ist. Statt des Totengräbers war die Totengräberin da und sagte: »Mein Mann ist auch gestorben. Aber weinen Sie nicht. Wo Ihr Vater liegt, kann ich Ihnen nicht sagen. Aber der Gott, der liebe Vater im Himmel, läßt auf jeder Wiese Blumen blühen.«

Da war ich hinüber. Ich fuhr nach Linz, erzählte das meinem Pater. Der sagte: »Ich halte morgen früh um fünf Uhr eine stille Messe für deinen Vater.« – »Hoffentlich haben Sie einen, der mit Ihnen betet – ich nicht.«

Kurze Zeit darauf kam meine Schwester zurück und fragte: »Ach, der Vater ist tot; was willst du denn jetzt machen?« – »Ich gehe zum Theater.« Patsch hat sie mir eine geknallt. Da habe ich ihr auch eine geknallt.

Unter der Bedingung, daß ich die Lehre zu Ende mache, wurde meine Schwester mein Vormund.

LEHRE BEI PHILIPP HAAS & SÖHNE

Das Inneneinrichtungsgeschäft, in dem ich lernte, war eine arisierte jüdische Firma, Philipp Haas & Söhne. Diese altösterreichische Firma hatte Filialen in Venedig, Verona, Triest und ein Hauptgeschäft in Wien. Bevor die ursprünglichen Besitzer in die Emigration gingen, aus der sie nicht mehr zurückkehrten, hatten sie bei Kriegsbeginn Friedensware in Stollen versteckt. Nach dem Krieg wurde diese Ware nach und nach aus den Stollen herausgebracht und an die Filialen und an das Hauptgeschäft in Wien verteilt.

Die Lehre als Verkäufer war angenehm. Das Unangenehme waren die lästigen Kunden.

Während der Lehre war der erste Verkäufer, Herr Tasch, mein Ausbildungsleiter, und bei Herrn Stelzhammer, dem ehemaligen Geschäftsführer, hatte ich Verkaufslehre: wie man mit dem Kunden umgeht, die Art der Ansprache, wie man sich benehmen sollte und auf welche Art die Ware zu empfehlen war. Es gab Richtlinien, daß man armen Leuten oder Pensionisten nicht Dinge verkauft, die zwar billig sind, aber nicht lange halten. Oder daß man Kunden auf mindere Qualität aufmerksam macht: Entschuldigen Sie, das ist Zellwolle, keine echte Baumwolle.

Herr Stelzhammer merkte, bei den Endproben kurz vor der Premiere, wie nervös ich im Laden war. Dann kam er und sagte: »Herr Schmidinger, Sie haben Dienstschluß, darf ich für Sie weiterbedienen?«

Der merkte sofort, wenn ich träumte und ganz weit weg war. Er war ein Chef, der nie in Gegenwart des Kunden eine Kritik an einem Lehrling geübt hat, wofür ich ihm ganz besonders dankbar war. Eines Tages sagte er: »Jetzt möchte ich Sie einmal auf der Bühne sehen.«

Er kam mit der ganzen Familie. Den Kindern Irmgard und Hans, seiner Frau und dem Herrn Ignaz Stelzhammer. Am nächsten Tag sagte unser zweiter Verkäufer, Herr Frübe: »Heut in der Früh hat der Chef eine Laune gehabt, das war ja furchtbar.«

Es gab ein großes Essen im »Hotel Wolfinger«, und der Stelzhammer sagte: »Mein lieber Felsenschädel«, wie er mich immer nannte, »wir hatten für Sie ein Buch als Geschenk ausgesucht: *Tibetanische Teppiche* in zwei Bänden. Nachdem ich Sie aber auf der Bühne gesehen habe, hat das keinen Sinn. Hier haben Sie die Gesammelten Werke von George Bernard Shaw, und schreiben Sie einmal, wenn Sie am Theater sind.«

Später habe ich ihm meine ersten Kritiken geschickt und ihn auch immer besucht, wenn ich in Linz war. Da hat er mir gestanden – Sentimentalität kennt ja keine Grenzen –, daß er zum Theater wollte. Ein ganz bedeutender Mann, einfach der richtige Mann zur richtigen Zeit in meinem Leben.

Einmal sagte er: »Schmidinger, Felsenschädel, hören Sie zu. Sie sind ein glänzender Mann in diesem Beruf. Aber Sie reden zu viel. Sie reden und reden und reden, da ist der Kunde schon lange entschlossen, was er kaufen will. Sie zeigen ihm noch was Neues, und Sie reden so lange, bis der Kunde total verwirrt ist und sagt: Ich komm' morgen wieder, aber natürlich kommt er nicht wieder.«

Das war die einzige Kritik in drei Jahren.

Ein ganzes Jahr mußte ich mit Rechnungen zu den einzelnen Kunden gehen und sie bitten, die Rechnung zu begleichen. Außerdem wurde Warenkunde gelehrt: Was ist das für ein Teppich, was ist das für ein Stoff, was ist das für ein Rahmen oder wieviel Meter Stoff braucht man für so ein Sofa, der Umgang mit den Tapezierern, der Umgang mit den Schneidern usw. Nach einem Jahr äußerte ich eine Bitte: »Ich möchte bitte Schaufensterdekorateur werden.« – »Ja warum?« – »Ich halt' die Weiber nicht aus.« Es wurde abgelehnt.

Wir hatten zwei Glastüren. Wenn draußen auf der Straße eine Dame gesichtet wurde, die niemand von den Verkäufern hat bedienen wollen, sind die anderen Verkäufer unter die Theke und auf allen vieren in den rückwärtigen Raum gekrochen. Ich mußte sie begrüßen: »Frau Switelski, guten Tag, küss' die Hand, Sie sehen glänzend aus. Wenn ich mir erlauben darf, Ihnen das zu sagen. Wollen Sie bitte Platz nehmen?«

Dabei war es schon sechs, halb sieben, wir hatten Geschäftsschluß. Ich mußte noch die Briefe auf die Hauptpost bringen, hatte eigentlich keine Zeit, keine Nerven, mußte mich aber zwingen, freundlich zu sein. Wenn Kunden kamen, die übel, also schwer zu packen waren, eigentlich nichts kaufen wollten, mußte immer ich ran.

Ich habe damals gelernt, auf Kunden zuzugehen, ohne mich und die Firma zu verkaufen, ohne lediglich auf Profit aus zu sein. Es ging darum, wie sehr man die Fähigkeit, das Talent besaß, innerhalb eines Gesprächs für den Kunden einen Teppich, eine Tapete oder ein Tischtuch zu finden, mit dem er sich wohl fühlt, das ihm entspricht.

DIE KUNST DES VERKAUFENS

Elisabeth Bergner hatte sich ein Zitat von Arthur Schnitzler zur Devise gemacht: »Wir spielen immer, wer es weiß, ist klug.« Und wenn die Kunst des Verkaufens eine Kunst ist, dann ist sie eine große Kunst, weil es eine Kunst der Verführung ist.

Das ist, wie im Theater, oft sehr schwer, zum Verzweifeln schwer, weil natürlich der Geschmack des Kunden schon festgelegt ist. Erst wenn man, ohne indiskret zu sein, den Kunden dazu bringt, zu schildern, wozu der Stoffbezug für eine Empirecouch passen soll, wie die Tapeten sind, die Teppiche, die Vorhänge, ob Rücksicht zu nehmen ist auf Gemälde oder auf sonstige Dinge, erst dann kann man damit anfangen, Vorschläge zu machen. Immer so, als würde man den Wunsch des Kunden vorausahnen. Damit beginnt eine wunderbare Verführungskunst. Man fragt: »Haben Sie eine Vorliebe für eine Farbe?«

Er kann sich nur Grün, Gelb oder sonst eine Farbe wünschen. Man muß dem Kunden den Eindruck vermitteln, daß man ihm helfen will, das herauszufinden, was er wünscht. Dann kann es natürlich passieren, daß man in eine furchtbare Situation kommt: »Wie sind ihre Tapeten?« – »Geblümt.« – »Der Teppich?« – »Geblümt.« – »Die Polster?« – »Die sind auch geblümt.« – »Ja, dann wäre es vielleicht doch gut, wenn der Vorhang uni wäre?« – »Nein, nein, der muß auch geblümt sein.« – »Ich bitte Sie, darauf aufmerksam machen zu dürfen, daß vielleicht die Blumenmuster zuviel sind. Aber wenn Sie mir sagen, wie groß die Blumen sind bzw. in welcher Farbe, dann können wir das kombinieren.«

Das heißt auch, daß der Kunde das Gefühl haben muß, daß man viel Zeit für ihn hat. Unser Personal war so zahlreich, daß zehn Kunden auf einmal bedient werden konnten.

Da kam zum Beispiel die Frau Traxelmeier, und ich habe gesagt: »Chef, entschuldigen Sie, wenn die Traxelmeier kommt, die ist verknallt in mich. Die will immer von mir bedient werden, aber ich halt' sie nicht mehr aus.« – »Heut bedien' ich die Traxelmeier mit Ihnen zusammen.«

Der Traxelmeier gehörte ein Hotel. Es bedeutete ein großes Geschäft, das Hotel mit sechzig Steppdecken auszustatten. Nachkriegsware! Es gab ein endloses Gespräch: »Ist das eine Wollfüllung? Das ist aber kein schöner Bezug, der da drauf ist. Ist das Daune?« – »Das ist doch keine Daune, das ist eine Federfüllung.« – »Was ist das für eine Füllung?« – »Das ist Watte.«

Dieses Weib war unerträglich. Aber weil man wußte, daß ein Hotel immer wieder neue Vorhänge oder Teppiche braucht, war man sehr geduldig. Aber keine Füllung war ihr recht. Schließlich entschloß sich mein Chef, ihr zu sagen: »Frau Traxelmeier, wir kriegen in vierzehn Tagen, eine neue Lieferung an Steppdecken.« – »Ja, mit was sind die gefüllt?« – »Mit warmem Wasser.« Da drehte sie sich um und ging. Herr Stelzhammer sagte: »Wir sind nicht dazu da, um von der Frau Traxelmeier sekkiert zu werden. Und in diesem Fall sind wir auf das Geschäft nicht angewiesen.«

Diese Auffassung einer Firma, dem Kunden zu dienen, ihn natürlich auch zu verführen, ohne anbiedernd zu sein, außer manchmal, das entspricht meinem Verhältnis zum Theater.

Entdeckung durch Romuald Pekny

Ich war durch eine Annonce in der Zeitung ins Volks-hochschultheater gewechselt: Berufstätige als Schauspieler ge-sucht, Volkshochschule der Stadt Linz. Ein junger Schauspie-ler leitete die Gruppe, und wir haben junge österreichische Autoren wie Karl Wiesinger, Kurt Klinger gespielt, aber auch Stücke, die die Theater nicht spielen wollten wie Borcherts *Draußen vor der Tür* oder *Die ehrbare Dirne* von Sartre.

In eine dieser Vorstellungen kamen Romuald Pekny und seine Frau Eva. Sie warteten nach der Vorstellung, und Pekny fragte: »Wollen Sie zum Theater?« – »Ja. Ich habe aber kein Geld.«

Sie sind zum Magistratsdirektor der Stadt Linz gegangen,

von dem ich einen Brief erhielt, ich könne ein dreijähriges Stipendium haben.

Ich fuhr nach Wien und habe am Reinhardt-Seminar zwei Sätze vorgesprochen, wurde aus dem Saal gebeten, und drei Tage später haben wir uns im Weißen Salon von Schloß Cumberland wieder versammelt. Helene Thimig sagte: »Wir nehmen Sie auf. Nicht weil Sie begabt sind, sondern weil wir Sie alle für entwicklungsfähig halten, sind Sie aufgenommen.«

1951; WIEN, MAX-REINHARDT-SEMINAR

So kam ich nach Wien, wo ich in einem Lehrlingsheim der Jesuiten in der Michaelastraße in der Nähe der Volksoper wohnte.

Da waren dreißig, vierzig junge Lehrlinge in einem Schlafsaal bei Pater Grünberto. Ich hatte die Übernachtung und das Abendessen umsonst und mußte mich verpflichten, einmal in der Woche mit den Lehrlingen ins Kino oder ins Theater zu gehen und einen Vortrag darüber zu halten. Vor allem für die Lehrlinge, die am Wochenende nicht nach Hause fahren konnten, weil sie kein Zuhause hatten. Das Essen bei den Jesuiten war furchtbar. Es gab meistens Brotsuppe. Damit während der Mahlzeiten nicht geredet wurde, las ich auf Bitten des Paters *Don Camillo und Peppone.* Die Waschräume – nur kaltes Wasser, die Decken und Matratzen grauenvoll; ein Ausbeutungsinstitut allererstens Ranges.

Unter diesen Lehrjungen waren einmalige Erscheinungen. Ein Bild von den Lehrlingen ist mir besonders in Erinnerung geblieben: Nach der Kommunion mit dem Schlußgebet gingen die Jungs hinaus und spuckten aus Protest die zerkauten Hostien an die Wand. Das ist mir unvergeßlich.

Gleich am zweiten, dritten Tag bekam ich von einem dieser Lehrlinge einen Haustürschlüssel in die Hand gedrückt. Das Lehrlingsheim wurde um 21.00 Uhr abgeschlossen, aber die Schlosserlehrlinge hatten schneller einen Schlüssel nachgemacht, als man denken konnte. Sie haben mir einen Schlüssel für die Haustür überreicht und gesagt: »Wenn du irgendwie das Maul aufmachst, was da herin im Schlafsaal vor sich geht und wer bei der Nacht fehlt oder net fehlt, dann lebst du net mehr lang, damit du's weißt.«

Es waren Jungs darunter, vor denen ich eine entsetzliche Angst hatte, denn sie waren sehr gewalttätig und mehr als proletarisch. Echtes Proletariat, auch aus den Vorstädten, zum Beispiel von Klosterneuburg. Wegen der Lehrstellen kamen sie von überall her nach Wien.

Einige waren nachts nicht da, andere haben heimlich geschlechtliche Dinge vollzogen, gerauft oder um Geld Karten gespielt. Einer hat draußen Schmiere gestanden. Wenn ein Kontrollgang war, hat er nur mit der Taschenlampe zweimal geblinkt, dann sind alle ins Bett gesprungen. Alle Klischeevorstellungen, die man von einem Internat hatte, wurden dort wahr. Ich hab' mir gedacht, bevor ich irgendein Wort dem Pater ins Ohr flüstere, genieße ich die Annehmlichkeiten und vergesse den Rest. Die sollen doch machen, was sie wollen.

FRAU SCHMUCK UND FRANZ KAFKA

Ich hatte Unterricht bei Frau Helene Thimig-Reinhardt; sie war die Prinzipalin und eine wunderbare Lehrerin. Sie gehörte zu den wesentlichen Schauspielerinnen der Weimarer Republik, arbeitete bis 1933 am Deutschen Theater, wo sie in großen Rollen als Gretchen, als Ophelia und als Iphigenie

glänzte. Sie mußte mit ihrem Mann Max Reinhardt 1933 emi-
grieren, erst nach Wien, 1937 in die USA. Nach dem Tod von
Max Reinhardt ist sie 1943 von Los Angeles nach New York gegangen und hat dort bei Lee Strasberg hospitiert. Die Thimig
hat sofort gespürt, daß in Amerika etwas Neues zu entdecken
ist.

1946 kam sie nach Österreich zurück und hat die Rein-
hardtsche Schauspielschule übernommen, die sie bis 1959 leitete. Eines Tages hat die Thimig zu mir gesagt: »Also Sie sehen nicht gut aus. Sie essen nicht genug. Ich habe bei der
Stadt Wien ein Stipendium für Sie erreicht. Jetzt können Sie
sich ein Zimmer zur Untermiete suchen und kommen aus
dem Internat heraus.«

Im Seminar hingen einige Adressen für Untermiete aus.
Die Schrift hatte ich nicht genau lesen können und habe die
Vermieterin gefragt: »Sind Sie die Frau Schmutz?« – »Nein,
Schmuck heiße ich, kommen S' herein.« – »Ich suche ein
Zimmer, ich komme vom Reinhardt-Seminar.« – »Ja, setzen
Sie sich mal hin. Sie müssen mir zuerst vorsprechen. Denn
wenn S' mir net g'fallen, kriegen S' das Zimmer net.«

Ich habe ihr gefallen und das Zimmer bekommen. Sie hat
sich immer bei mir Bücher ausgeliehen, eines Tages die Erzählungen von Kafka. Tage später kam sie: »Da haben S' den
Kafka-Franz. I hab' da a ›Verwandlung‹ gelesen – das is' ja koa
Wunder, daß Sie verrückt sind, wenn Sie so was lesen. Aber
ein Mensch als Käfer an der Wand und am Plafond – na so
was Furchtbares. Der Kafka-Franz, der is' ja blöd, ganz blöd
is' er.«

Es verging einige Zeit, sie hatte einen leichten Schlaganfall,
hat mir aber trotzdem jeden Morgen das Frühstück gemacht:
zwei Kaisersemmeln mit Marmelade und Margarine und eine
kleine Kanne mit Milchkaffee. Nach dem Schlaganfall hat sie

sich auf die Küchenmöbel gestützt, um vom Gasherd zur Anrichte, von der Anrichte zum Tisch zu kommen. Da sagte sie vor sich hin: »Der Kafka-Franz ist doch nicht so blöd. Jetzt kriech' ich auch wie der Käfer an der Wand.«

Mein Zimmer war voll mit Heiligenbildern. Da hab' ich mir gedacht, eines muß ich wegstellen. Ich habe es auf den alten Kaminofen gelegt. Sie kam herein und hat gesagt: »Wo ist der Christus am Ölberg?« – »Den hab' ich auf dem Ofen.« – »Na, das kommt nicht in Frage.« – »Ja. Und dann habe ich einen Freund, Frau Schmuck.« – »Das weiß ich.« – »Von wem? – »Na, von Ihrem Freund, der war ja da.« – »Na ja, jetzt ist er in Würzburg engagiert, und wenn er nach Wien kommt, auf Besuch, darf er dann hier in dem zweiten Bett schlafen?« – »Deswegen ist ja des Bett da. Sie brauchen net mehr zu fragen.«

Frau Schmuck war sehr häßlich. Anschnitte hat sie gekauft und Gemüse, das schon nicht mehr ganz frisch war. Wenn ich mich in der Küche rasiert habe, hat sie mir jeden Tag gesagt: »Zum Einschäumen brauchen Sie kein Licht. Erst wenn Sie das Messer nehmen.«

Wenn man achtzehn Jahre in Linz gelebt hat, dann nach Wien kommt, den Unterschied kann man sich nicht vorstellen. In Linz ist außer Hitler ja nichts gewesen. Allein die Schönbrunner Schloßalleen, links die weißen Kastanien, rechts die roten, und wenn die Fliederbüsche blühen, ergibt sich ein Zauber, der unbeschreiblich ist. Noch dazu, wenn man an dieser Schule sein darf. Am Tag hatten wir Unterricht, abends war ich im Theater oder in der Oper. Es war wie im Traum.

HELENE THIMIG

Helene Thimig war eine Frau von großer Noblesse, von Adel, von einer Güte und von einem Zauber. Sie war vor allem daran interessiert, den jungen Schauspieler auf einen Weg zu führen, der sein Weg ist. Ihr ging es darum, daß er seine Art Theater zu spielen findet. Sie gab nur kleine Hinweise, winzige Korrekturen, um etwas, was der junge Schauspieler ohnehin hatte, zum Leuchten zu bringen. Jeder von uns Jungs sollte einen Hamlet-Monolog lernen und vortragen. Ich bereitete einen Monolog vor, den kein anderer vorführte: Hamlet nach seiner Begegnung mit dem Geist. Darin die Zeilen:

»Schreibtafel her! Ich muß mirs niederschreiben,
Daß einer lächeln kann und immer lächeln
Und doch ein Schurke sein … «

Ich habe einen Degen aus der Waffenkammer geholt und mit ihm auf den Fußboden »Claudius« geschrieben, dann das gleiche Wort in die Luft. Dann habe ich es wieder weggewischt. Ich habe es ihr vorgeführt, sie hat gelacht, woraufhin ich sie gefragt habe: »Warum lachen Sie, Frau Professor?« – »Die Studenten in Wittenberg hatten ein Täfelchen, mit einem Griffel.« – »Ja entschuldigen Sie, das kann ich ja nicht wissen, bei Shakespeare steht das nicht. Ich komme zur nächsten Stunde mit einem Täfelchen.« – »Nein, Sie spielen das so, wie Sie das jetzt gespielt haben, denn es kommt von Ihnen.«

Mit solchen Äußerungen hat sie nicht nur das Selbstbewußtsein gestärkt, sondern uns Schüler darin bestätigt, daß Phantasie etwas ganz Wichtiges für unseren Beruf ist.

Sie war auch als Direktorin großartig. Nach einem Jahr war ich so verliebt, daß ich nicht mehr Schauspieler werden wollte. Ich schrieb ihr einen Brief und habe mich sehr bedankt.

Nach den Ferien bin ich trotzdem zurückgekommen, bin zu ihr gegangen. Sie sagte: »Ich weiß. Lesen sie Oscar Wilde. Er war der glücklichste Ehegatte, der seligste Vater, und der verwirrteste Liebende. Lesen sie vor allem *Salomé,* eine Geschichte, die biographische Züge trägt. Er griff nach den Sternen, nach dem nicht zu Verwirklichenden. Er griff ins Unermeßliche, ins Unerfüllbare, ins Unaussprechliche. Lesen Sie das.«

Wir sprachen nie wieder darüber.

LEHRER UND LEHREN

Im Reinhardt-Seminar hatten wir Theatergeschichte bei Dr. Joseph Gregor, Poetik bei Felix Braun, Theaterrecht bei Herrn Dr. Peters, Stimmbildung bei Sdenko Kestranek, Sprecherziehung bei Vera Balser-Eberle.

Joseph Gregor sprach über zwei Themen, die uns schrecklich gelangweilt haben: Otto Brahm, Gerhart Hauptmann und das naturalistische Theater und Eleonora Duse und Gabriele d'Annunzio und die Wirkung der Stücke durch ihre Kunst. Das waren zwei Themen, mit denen wir überhaupt nichts anzufangen wußten. Erst zehn Jahre später habe ich es begriffen, als ich zum erstenmal Hauptmann gespielt habe und ein Gefühl für die Stoffe und Themen Hauptmanns entwickelte.

Felix Braun war ein Literaturwissenschaftler, der uns den Umgang mit Gedichten beibrachte, wie man sie liest, wie man die Bilder erkennt, die entworfen werden. Er sprach über die Notwendigkeit, die Interpunktion und die Verse einzuhalten, beschrieb die Vielfalt der Reime und die verschiedenen Stile von Goethe über Heine zu Rilke.

Vera Balser-Eberle hatte ihre eigene Methode entwickelt,

wie sich der Schauspieler seines Sprechens und der Sprache bewußt wird. Eine Übung bestand darin, daß er einmal leise, einmal laut, einmal langsam, einmal schnell, einmal hoch, einmal tief spricht. Das war die Grundlage, der Sprache eine bestimmte Farbe, einen bestimmten Rhythmus zu geben. In meinem Fall bestand ihr Hauptanliegen darin, mich zum dialektfreien Sprechen zu bringen, was ihr leider nicht gelungen ist.

Jährlich wurde im Schönbrunner Schloßtheater ein Stück inszeniert, außerdem spielten wir dreißig Vorstellungen für das Theater der Jugend.

Die Thimig erreichte, daß wir an jeder Vorlesung der Universität, die mit Theater oder auch nicht mit Theater zu tun hatte, als außerordentliche Hörer teilnehmen konnten. Weil sie mich besonders geliebt hat, eröffnete sie mir in meiner Neugierde mit einer Visitenkarte die Möglichkeit, in der Nationalbibliothek die Regiebücher der *Fledermaus* und vom *Jedermann* von Max Reinhardt studieren zu können. Ich saß zwei, drei Stunden in einem Zimmer, bewacht von zwei Dienern, und habe alles in Ruhe lesen dürfen. Sie ermöglichte mir auch, wieder mit einer Visitenkarte, daß ich bei den Salzburger Festspielen auf die Proben gehen konnte: »Ich bitte Sie, Herrn Walter Schmidinger an den Proben teilnehmen zu lassen, Ihre Helene Thimig-Reinhardt.«

Ich wohnte wieder bei den Jesuiten in einem Kloster in Salzburg. Es waren Sommerferien, es gab keine Internatsschüler. Das Ganze war an die für mich furchtbare Bedingung verknüpft, jeden Tag einen Kubikmeter Holz zu hacken. Das war für einen muskellosen Menschen wie mich gar nicht so einfach, vor allem wenn Queräste drin waren.

Die Thimig hat jeden Monat eine bekannte Persönlichkeit ins Reinhardt-Seminar gebeten. Diese Persönlichkeit sprach an einem Samstag, wenn schulfrei war, über ein bestimmtes Thema, zum Beispiel Fritz Kortner über die deutsche Sprache, Raoul Aslan über Vornehmheit, die keine Angelegenheit der Krawatte sei. Es waren außergewöhnliche Menschen in einer Oase der Ruhe.

TSCHECHOW UND LANGEWEILE

Ein wichtiger Lehrer war für mich Peter Scharoff, der 1914/15 Regisseur bei Stanislawski am Künstlertheater in Moskau gewesen war. Nach der Oktoberrevolution 1917 emigrierte er nach Rom, dort gründete er eine Schauspielschule. Dann kam er an das Düsseldorfer Schauspielhaus zu Louise Dumont und Gustav Lindemann, wo er inszenierte. Als die Nazis kamen, verließ er Deutschland, ging nach nach Rom und lebte dort, bis er ans Wiener Volkstheater unter dem Intendanten und Regisseur Gustav Manker gerufen wurde. Er inszenierte Tschechows *Drei Schwestern;* diese Inszenierung wurde bei den Ruhrfestspielen in Recklinghausen gezeigt und war ein Triumph der Bühne. Einige Jahre später kam er wieder nach Düsseldorf und inszenierte *Der Kirschgarten,* wo wir wieder aufeinander trafen. Er beschrieb, daß die Figuren bei Tschechow sich nur für sich selbst und ihre eigenen Probleme interessieren und nur zum Schein an den Schwierigkeiten, Nöten und Verzweiflungen der anderen teilhaben. Als ich den Trofimow spielte, habe ich immer an der Verzweiflung der Ranjewskaja, die über ihre Liebe in Paris klagt, Anteil genommen. Da hat er zu mir gesagt: »Das interessiert dich nicht. Du wirst hier aus Zeitungspapier Schnitzel und kleine Männchen machen und darüber lachen, daß die so über die Liebe spricht und an der Liebe zugrunde geht. Am Ende ihrer langen Erzählung über diese Liebe, die dich nicht interessiert, sagst du: ›Verzeihen Sie, Ljubow Andrejewna, ich stehe über der Liebe.‹«

Wir sollten die sogenannte russische Mentalität zeigen. Aber nicht die Langeweile spielen, von der sie alle reden, weil die Gefahr besteht, daß die Langeweile sich auf den Zuschauerraum überträgt, sondern die Verzweiflung darüber, daß wir uns langweilen und uns dem Suff ergeben, einer Liebe nachspüren, die keine ist, Selbstmordgedanken pflegen, uns der Sentimentalität hingeben, der Vergangenheit nachhängen, uns an einem Symbol festhalten wie dem Kirschgarten. Also eine Verzweiflung über die Langeweile.

Im Zusammenhang mit der Ranjewskaja ging es darum, wie man mit Verzweiflung umgeht: das Lächeln unter Tränen, diese Verzweiflung, die Traurigkeit – das Weinen zeigen und in der gleichen Sekunde darüber lachen. Dreißig Jahre später, 1984, ich war einundfünfzig, habe ich das gesehen, in Berlin. An der Schaubühne inszenierte Peter Stein Tschechows *Drei Schwestern*. Am Schluß schreit Jutta Lampe als Mascha: »Werschinin, nehmen Sie mich mit nach Moskau, nach Moskau!« – Sie hängt sich an ihn, an sein Koppel, an seine Uniform und läßt ihn nicht los. Sie geht zugrunde an dieser Liebe. Endlich kann sich Werschinin befreien und geht. Die beiden Schwestern, Olga und die Irina, nehmen sie, setzen sie auf eine Bank und wissen, jetzt krepiert sie an dieser Liebe. Aus dem Haus kommt in diesem Moment ihr Mann mit ihrem Schwager; der trägt eine Clownsmaske, da lacht sie. Sie lacht, tränenüberströmt lacht sie. Ich habe Peter Stein um ein Gespräch gebeten und mich bedankt für dieses Erkennen, das ich mit einundfünfzig Jahren durch diese Inszenierung hatte.

Ich hoffe immer, daß im schlimmsten Moment der Verzweiflung etwas Groteskes geschieht, was mich rettet, was mich in einer solchen Irritation zurückläßt, daß ich im Zweifelsfalle aus dieser Verzweiflung, aus dieser tödlichen Verzweiflung, herausgerissen werde und eine Überlebenschance habe. Als Peter Scharoff über das Lächeln unter Tränen sprach, habe ich das nicht begriffen. Man begreift einiges spät, manchmal zu spät.

Schauspielübungen

Vom Moskauer Künstlertheater kam auch eine andere große Schauspielerin, Elena Polewitzkaja, die 1917 nach Berlin emigriert war und dort gefeiert wurde. Sie sprach ein so wunderbares Deutsch, daß sie in Berlin und Wien die *Kameliendame* spielte, später bei Gründgens *Der Wald* von Ostrowski, und das war unsere Lehrerin. In Wien hat sie mit uns im ersten Jahr am Reinhardt-Seminar nach der Methode Stanislawskis am Thema Angst gearbeitet. Jeder Schüler sollte sich ein Sujet ausdenken, das man für sich erfindet, erarbeitet und dann vorführt. Sie hat uns klargemacht, wo dieses Gefühl stattfindet, wo es auftaucht, wie es an dich herankommt, bis wir endlich gesehen haben: Dieses Gefühl der Angst ist immer da, wir müssen es wahrnehmen, wir müssen damit umgehen. Angst vor einer Premiere, Angst, daß eine Liebe zugrunde geht, tausend Beispiele. Natürlich gab es viele Mädchen und Jungs, die Lebensangst, Überlebensangst in einem so großen Maße nicht nachvollziehen konnten. Sie hatten nicht die schrecklichen Bombenangriffe erlebt, sind nicht neben Leichen aus den Luftschutzkellern gestiegen. Jeder von uns versuchte, Angst zu fühlen, und hat sich was zurechtgelegt. Das haben wir ihr vorgeführt, und sie hat das beurteilt. Eines Tages haben wir sie gebeten, uns Angst vorzuspielen. Sie hatte sich vorbereitet: »Ich sitze in einer Bibliothek und lese oder versuche zu lesen. Ich habe immer Angst, daß ich erwischt werden könnte, denn ich darf dieses Buch nicht lesen.«

Sie spielte ein Mädchen von siebzehn, war aber eine Dame von siebzig Jahren. Dann hat sie eine Viertelstunde, zwanzig Minuten eine sich steigernde Angst gespielt, die fast zur Lähmung führte: Sie konnte das Buch nicht mehr weglegen. Da haben wir jungen Schauspieler begriffen, daß es möglich ist, unserer seelischen Verfassung stumm Ausdruck und eine Form zu geben.

Im zweiten Jahr hat sie Szenen aus Stücken von Alexander Ostrowski gearbeitet: *Opfer der Pflicht, Eine Dummheit macht auch der Gescheiteste* und *Der Wald.* Wir mußten diese Stücke lesen und darüber schreiben: Wir zogen zwei senkrechte Striche auf ein Blatt Papier; es entstanden drei Spalten. In diese schrieben wir die Äußerungen über die Charaktereigenschaften der Figuren. In die linke Spalte Äußerungen anderer über die Figur, die falsch waren, in die mittlere Selbstaussagen der Figur und in die rechte Spalte richtige Äußerungen anderer Figuren. Auf diese Weise erkundeten wir die Umrisse einer Figur aus dem Text des Dichters in ihrer ganzen Widersprüchlichkeit. Für mich war das eine wichtige Übung, weil ich immer versucht habe, die Figur vom Text des Dichters aus zu entwickeln.

Im ersten Jahrgang ist mir klargeworden, wie wichtig für mich Sprache ist. Ich hatte mit einem Mädchen eine Szene aus *Die Braut ohne Mitgift* von Ostrowski gespielt. Die Braut ohne Mitgift sagt: »Schauen Sie, Sergejewitsch, wie breit die Wolga ist.« Da fragte die Polewitzkaja:

»Wissen Sie eigentlich, wie breit die Wolga ist?«

»Nein, das weiß ich nicht.«

»Also hören Sie zu. Sie sehen über den Fluß, über die Wolga. In der Mitte sind Inseln mit sehr hohen Bäumen, und an sehr schönen Tagen sehen Sie die Wipfel dieser Bäume. Von dort ist die Wolga noch einmal so breit bis zum nächsten Ufer. Ich würde Sie bitten zu sagen: ›Schauen Sie, Sergejewitsch, wie weiiit die Wolga ist. Wie weiiit die Wolga ist.‹«

Da wurde mir klar, daß man hören kann, wie hoooch das Haus ist oder wie schööön eine Frau ist, wenn ein Schauspieler das richtig spricht.

STATIST IM NEUEN THEATER IN DER SCALA WIEN

Ich suchte eine Stelle als Statist und habe eine gefunden bei den beiden Direktoren Karl Paryla und Wolfgang Heinz. Sie leiteten das Neue Theater in der Scala in Wien.

Natürlich hatten wir Statisterieverbot. Das mußte ich unterschreiben. Aber Gott sei Dank, ging sowieso niemand vom Reinhardt-Seminar in dieses Theater. Die Proben waren am Nachmittag vier Uhr. Mit einer Ausrede ging ich dorthin. Das war eine andere Schulung, auch eine ganz andere Art Theater. Dort wurden vor allem sozialkritische Stücke der Jahrhundertwende wie Gorkis *Nachtasyl,* aber auch Stücke des Vormärz gespielt. Auch die Spielweise war ganz anders als am Burgtheater. Es wurde sehr realistisch Theater gespielt, während die Burg geprägt war durch das Pathos in den Klassikeraufführungen, mit dem Willen zur großen Form.

Dramaturg war Arnolt Bronnen, eine sehr zwielichtige Erscheinung, was seine politische Gesinnung angeht: Vor 1933 war er Freund von Bertolt Brecht und Kommunist. Vor allem war er aber durch seine erfolgreich aufgeführten Stücke *Vatermord, Rheinische Rebellen, Gloriana* in Deutschland ein bekannter Autor. Kaum war Hitler an der Macht und Brecht in Dänemark, war er der erklärte erste Nazi. 1945 war er wieder

der erste Kommunist. Als solcher war er Oberbürgermeister in Goisern im Salzkammergut.

Arnolt Bronnen war ein faszinierender Mann, der Gescheitheit auf Kilometer ausstrahlte. Ich hatte immer ein gutes Gespür für Menschen, von denen ich etwas erfahren, etwas lernen konnte. So ging ich zu ihm und sagte: »Ich war in *Minna von Barnhelm* und verstehe nicht, warum während des ganzen Stücks im Zimmer der Minna und in der Wirtsstube ununterbrochen Schüsse fallen und der Mörtel abfällt.« Da hat er mir vom Siebenjährigen Krieg erzählt und mir Bücher zu lesen gegeben.

Als ich als Komparse in zwei Nestroy-Stücken Komparserie auftrat, traf ich auf den Mann, der dreißig Jahre später in München ein wichtiger Regisseur für mich werden sollte: Karl Paryla. Er hat intensiv mit mir gearbeitet, obwohl ich nur einen Kellner spielte. Da fühlte ich mich wie die Hauptfigur.

Immer wenn er zum Guckloch ging, das es heute nicht mehr gibt, und in den leeren Zuschauerraum des ehemalige Johann-Strauß-Theaters sah, drehte er sich um und sagte zu uns allen, darunter Hortense Raky, Erika Pelikowski, Friedrich Links und Heinrich Lobe: »Meine Herrschaften, wir spielen für siebentausend.« Das Theater wurde geschlossen, später abgerissen, heute steht dort eine Hochgarage. Wolfgang Langhoff hat, das sei ihm in Ewigkeit gedankt, das gesamte Ensemble an das Deutsche Theater nach Berlin geholt.

Ich habe dort viel gelernt vom Zuschauen. Heute stehen leider selten junge Schauspieler oder Bühnenarbeiter in der Gasse und schauen zu. Wenn ein Bühnenarbeiter fünf, zehn oder zwanzig Minuten zuschaut, ist das die höchste Auszeichnung für einen Schauspieler, die es überhaupt gibt.

ENGAGEMENTCHAOS

Ich fragte Helene Thimig, was ich beim Vorsprechen machen solle, ich sei immer so nervös, weil das Engagement davon abhinge. Da sagte sie: »Dann müssen Sie als erstes eine Rolle spielen, wo Sie das zeigen können. Sosias, aus *Amphitryon,* der besteht nur aus Angst.«

Diese Rolle habe ich Karl Pempelfort vom Theater Bonn vorgesprochen. Nach zehn Sätzen sagte er: »Junge, du bist engagiert, du spielst die Situation.«

Für die Musikfestwochen in Bad Aussee suchte man Chorleute und junge Schauspieler. Da habe ich vorgesungen und zweimal den Einsatz verpaßt. Dann klappte es, und ich bekam die Rolle. Die Premiere war am Akademietheater, anschließend lief es vierzehn Tage in Bad Aussee.

Es folgte ein Angebot vom Direktor des Landestheaters in Salzburg: »Wollen Sie als zweiter Buffo nach Salzburg kommen?« Ich habe zurückgeschrieben: »Ich würde sofort kommen wollen, wenn Herr Stanchina mir die Möglichkeit geben würde, auch als jugendlicher Komiker und Charakterdarsteller zu spielen.« Herr Stanchina hat das nicht getan.

Ernst Haeussermann hatte mich für zwei Stücke an die Josefstadt engagiert. Die Thimig war zu ihm gegangen und hatte gesagt: »Nehmen Sie ihn.« Bei den Hauptproben vom *Ersten Frühlingstag,* einer Konversationskomödie von Dodie Smith sagte Haeussermann: »Sie sind grauenvoll, I kann Ihnen gar net zuschauen. Sie sind in der Rolle furchtbar. Die Länsch (so nannte er Helene Thimig) hat gesagt, Sie seien eine Begabung – das hier ist doch furchtbar.« Darauf habe ich sie angerufen und gebeten: »Ich bitte Sie, kommen Sie in die Generalprobe, ich bin am Boden zerstört.« Sie kam. An-

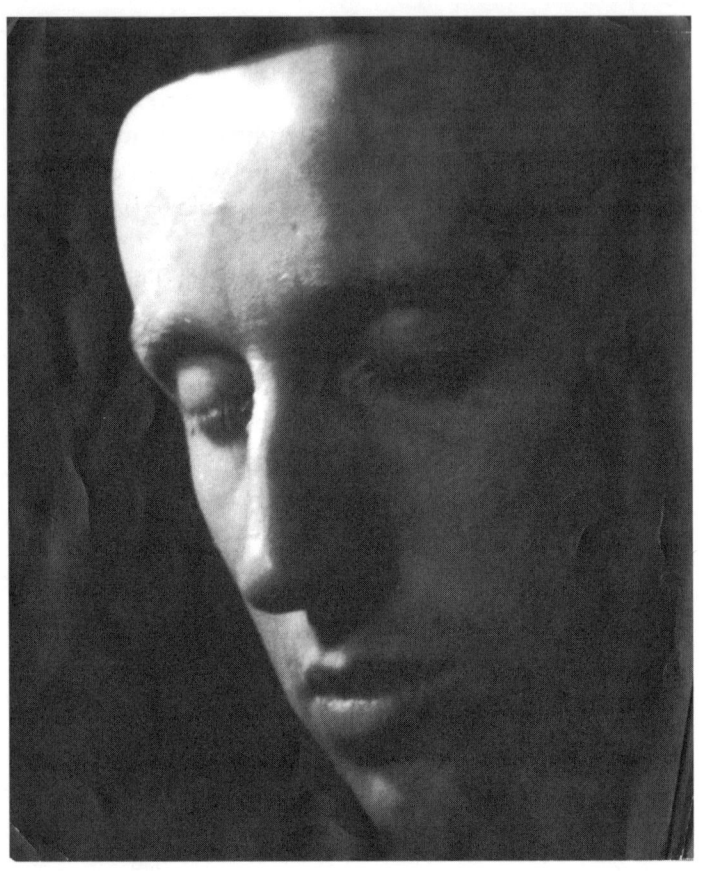

Portrait, 50er Jahre

schließend in der Garderobe: »Sie sind wirklich sehr schlecht, er hat nicht unrecht.« Da dachte ich: Entsetzlich sind sie.

Daraufhin habe ich mich an die Hauptstraße gestellt, bin nach München getrampt. Ich kam dort im Regen an, habe sofort bei der Agentur Rudolf Greving & Albert Meyer vorgesprochen. Die Sekretärin Carla Dürring hat mir einen Kaffee gemacht. Die haben mich in ihre Kartei aufgenommen und mir eine Vakanz in Lübeck angeboten. Die ganze Zeit über hatte ich verdrängt, daß ich einen Vertrag in Bonn hatte.

Ich fuhr nach Wien zurück, ging zu Haeussermann und sagte: »Verzeihen Sie bitte, ich kann in Deutschland ein Engagement haben, wo ich gleich Rollen spiele, und Sie finden mich ja eh so entsetzlich, kann ich gehen?« – »Wenn Sie einen finden, der Ihre Rollen übernimmt. Gehen Sie, gehen Sie!«

Otto Schenk übernahm beide Rollen. Ich fuhr nach Lübeck vorsprechen, und von dort aus in verschiedene Städte in Deutschland. Ich habe versucht ein Engagement zu bekommen, auch in Würzburg und in Nürnberg. Als das klappte, habe ich Bonn abgeschrieben.

Kurz darauf erhielt ich einen Brief meiner Schwester: »Lieber Walter, bin völlig verzweifelt.« Da ich noch nicht einundzwanzig war, bekam meine Schwester die Aufforderung, eine Konventionalstrafe in Höhe von 10.000 Mark zu zahlen, wenn ich den Vertrag in Bonn nicht antreten würde. Bei der winzigen Rente, die sie mit ihrem Mann hatte, war sie wie vom Schlag getroffen. Ich habe zurückgeschrieben: »Ich werde nach Bonn gehen, liebes Schwesterlein, mach dir keine Sorgen.« Ich mußte aber noch ein halbes Jahr am Reinhardt-Seminar bleiben. – Meine Erinnerung daran ist so, wie ich es beschreibe: verrückt, nicht chronologisch, ohne Linie und ohne jeden Gedanken an irgendeine Zukunft. Vielleicht wollte ich mich betäuben oder den Rausch genießen, daß mir überall in der Provinz ein Engagement angeboten wurde.

1954; ERSTES FESTENGAGEMENT IN BONN

Am 15. August 1954 bin ich nach Bonn gekommen. Meine erste Rolle war Graf Georg von Sparren in Kleists *Prinz Friedrich von Homburg* mit Maximilian Schell als Homburg, die zweite Captain Fisby in *Das kleine Teehaus* von John Patrick, dann der Dauphin in *Jeanne oder Die Lerche (L'alouette)* von Anouilh mit Ida Krottendorf als Jeanne.

Nach den traumhaften Jahren in Wien konnte der erste Probentag in Bonn eigentlich nicht gutgehen. Aber es ging gut. Es ging gut, weil ich immer wußte: Wie diese zwei Jahre Wien waren, kann es nicht bleiben. Ich habe immer Angst, daß wenn etwas sehr schön ist, es so nicht bleiben kann. Es kann nicht schöner werden, das wußte ich schon damals als junger Mensch. Dieser ganze Glanz kann nur stumpf werden. Das hängt auch damit zusammen, daß ich eine unglückliche Natur bin – oder wie Thomas Bernhard sagt: Im Winter hoffe ich auf den Frühling, im Frühling auf den Sommer und im Sommer auf den Herbst und im Herbst auf den Winter.

In meinem Leben konnte ich nie eine Situation genießen, weder auf der Bühne noch in der Begegnung mit einem Menschen, in der Liebe oder dem, was man dafür hält. Denn in jedem Augenblick, in dem sich mir die Schönheit anbot oder die Liebe gegenwärtig war, wußte ich: Das geht vorbei. So habe ich viele der glänzendsten Momente meines Lebens vertan.

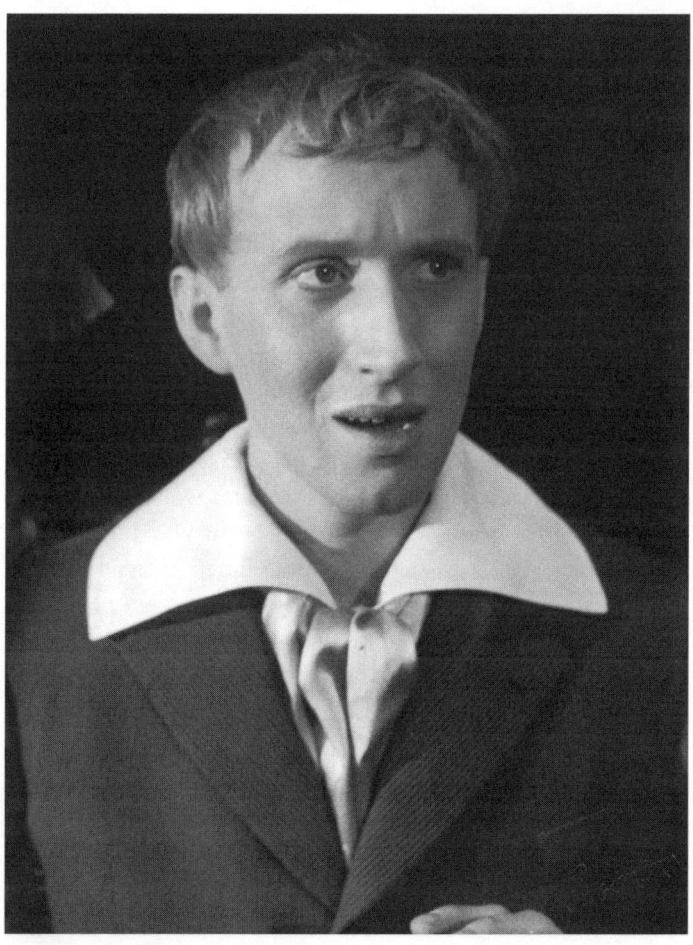

Prinz von Trubetzkoi in Leocadia
Regie Anton Krilla, Bühnen der Stadt Bonn 1955
Photo Studio Stuckmann Bonn

INTENDANT PEMPELFORT
ODER DIE KUNST DER BESETZUNG

Karl Pempelfort war ein Intendant, der mein Talent liebte. Er nahm mich an wie einen Sohn. Auf einem Photo in seiner Wohnung fiel mir auf, daß sein Sohn große Ähnlichkeit mit mir hatte. Der war in Stalingrad geblieben. Ich hatte sehr viel zu tun. Pempelfort dachte immer an Schauspieler, wenn er Stücke auswählte. Jedes Jahr spielten wir eine Komödie und eine Tragödie von Shakespeare. Nie wurde ein Schauspieler in zwei aufeinanderfolgenden Stücken in einer ähnlichen Rolle besetzt, sondern immer mußte er sich von einer anderen Seite zeigen. Das war nicht nur gut für den Schauspieler, sondern auch überraschend für das Publikum. Die älteren Kollegen nahmen sich der jungen Kollegen an und kümmerten sich um sie. Sie haben sich auch über deren Erfolge gefreut. Pempelfort hatte ein Gespür für Talente, und er hat nach Aufgaben für sie gesucht, die Herausforderungen waren.

Er wußte, wo die Grenze war, damit ein junger Schauspieler nicht überfordert wurde. Er fing Launen und Allüren ab, indem er durch seine kritischen Bemerkungen die jungen Schauspieler immer wieder auf das Wesentliche zurückführte. Man fühlte sich in seinem Theater geborgen und hatte nicht das Gefühl, sich vor den Kritikern beweisen zu müssen.

Wir studierten in sechs Wochen einen Klassiker ein. Wir waren nicht sehr beansprucht in dieser Zeit, durch den Vierspartenbetrieb hatten wir keine Abendproben. Wir probten von zehn bis fünfzehn Uhr, danach lernten wir den Text. Am nächsten Tag hast du das gezeigt. Es war natürlich ein anderes System: Es wurde nicht diskutiert, es gab eine Leseprobe, eine Stellprobe und dann Stückproben.

Puck in Ein Sommernachtstraum
Regie Karl Pempelfort, Bühnen der Stadt Bonn 1954
Photo Studio Stuckmann Bonn

Ich hatte drei sehr gute Regisseure. Neben Pempelfort Anton Krilla und Josef Eschenbrücher.

In dieser Zeit habe ich durch die vielen wunderbaren Rollen, durch die Regisseure und durch das Publikum das Gespür dafür bekommen, daß ich ein guter Schauspieler sein kann. Das Publikum hat sein Theater und seine Schauspieler geliebt. Das ist für einen jungen Schauspieler ganz wichtig. Wenn man spürt, daß man angenommen oder sogar geliebt wird, verliert man die Unsicherheit, und tritt selbstbewußter auf. Das ist im Theater nicht anders als im Leben. In den zwei Jahren Bonn überwand ich, auch dank Pempelforts sorgsamem Umgang mit mir als jungem Schauspieler, einen Großteil meiner Angst.

1956; VORSPRECHEN IN DÜSSELDORF

Ich erhielt ein Telegramm von der Agentur Greving & Meyer: Vorsprechtermin Düsseldorf, bei Herrn Dr. Rolf Badenhausen. Badenhausen war Dramaturg von Gustaf Gründgens. Ich fuhr hin, Badenhausen empfing mich und sagte: »Ich habe ein Telegramm erhalten, aus diesem Telegramm geht nicht hervor, wem Sie vorsprechen wollen. Herrn Gründgens für Hamburg oder Herrn Stroux für Düsseldorf. Herr Stroux ist hier in Düsseldorf und hat Vorsprechen, er bereitet seine erste Spielzeit vor.« Ich sagte: »Ich möchte Herrn Stroux vorsprechen.« – »Warum nicht Herrn Gründgens?« – »Wissen Sie, daß ich Herrn Gründgens beim Vorsprechen zusagen könnte, das glaube ich nicht. Ich glaube eher, wenn Herr Gründgens mich später auf der Bühne sieht, daß er mich dann engagiert.« – »Herr Stroux kommt um drei Uhr am Nachmittag.«

Heinrich Ortmeier und ich warteten in der Kantine. Ortmeier war der große Star aus Linz an der Donau. Ich fragte ihn, wie Stroux sei. Er hatte sich mit Ortmeier eine Stunde über den Rütlischwur unterhalten. Ortmeier hat nichts vorgesprochen. Stroux hätte nie einen fünfzigjährigen Schauspieler vorsprechen lassen.

Ich kam auf die Bühne. Dort war die Abendvorstellung *Das kleine Teehaus* aufgebaut. Er fragte: »Darf ich bitten, daß Sie mir etwas aus *Das kleine Teehaus* zeigen?« – »Nein. Das zeige ich Ihnen nicht.« – »Aber Sie spielen das im Theater in Bonn.« – »Ja.« – »Sie haben ja auch einen großen Erfolg darin.« – Ja. Ja.« – »Ja, was haben Sie?« – »Ich bin schlecht in dem Stück, und ohne Geisha kann ich Ihnen das überhaupt nicht zeigen. Ich kann doch nicht einen Stuhl hinstellen für die Geisha, das ist ja ausgeschlossen.« – »Was haben Sie für Vorsprechrollen?« Ich habe ihm zwölf Rollen genannt. Da hat er gesagt: »Sie haben *Weh dem, der lügt!*?« – »Ja.« – »Das Gebet möchte ich. Bitte.«

Am Schluß fällt die Figur, die ich spielte, auf die Knie. Rrratsch – meine zerschlissenen Hosen waren an beiden Knien gerissen. Ich kniete am Boden und dachte: Wenn ich jetzt aufstehe, sieht der Mann, daß ich lange Unterhosen anhabe. Er hält mich für verweichlicht und engagiert mich nicht. Ich bin nach einer langen Pause aufgestanden – ich muß in einer furchtbaren Verlegenheit gewesen sein.

Er hat dann gesagt: »Das ist großartig, großartig. Ich meine, Sie sind zu lange knien geblieben, aber das stört mich ja nicht. Jetzt müssen wir in die Schneiderei.« Dort hat er zu einem Schneider gesagt: »Wenn Sie dem jungen Mann die Hose flicken könnten. So können wir ihn nicht nach Bonn schikken.« Jetzt mußte ich auch noch vor dem Generalintendanten meine Hosen ausziehen. Es war entsetzlich. Der Schneider hat dann Flicken unterlegt und die Hose genäht.

Während ich da in der Unterhose saß, fragte Stroux: »Was

für eine Gage haben Sie in Bonn?« – »Dieses Jahr 350,00, nächstes Jahr 500,00.« – »Also 850,00. Kommen Sie dann ein Jahr zu mir?« – »Ja.«

Dieses Engagement hat mich knapp an Gründgens vorbeigeführt. Gründgens war mein eigentliches Ziel und mein Traum. Aber ich habe die Zeit bei Stroux nicht bereut.

AUF DER LEITER ZUM RUHM

Als erstes spielte ich in Gorkis *Nachtasyl* den Schauspieler. Bernhard Minetti fragte Stroux: »Wer spielt den?« – »Die größte Begabung von Nordrhein-Westfalen.« – »Das kann ja heiter werden.«

Acht Tage vor der Premiere brachte ich keinen Ton mehr heraus, war stockheiser. Ich ging zu einem Hals-Nasen-Ohren-Arzt. Der untersuchte mich und sagte: »Organisch ist alles in Ordnung. Haben Sie Angst?« – »Ja.« – »Sind Sie hysterisch?« – »Ja. Ich weiß, daß ich das nicht schaffe, und dann ist es aus und ich muß wieder nach Bonn. Diese Chance ist vertan.«

Ich ging nach Hause. Eine Stunde später kam ein Anruf von Elisabeth Horn, der Sekretärin von Stroux: »Sie möchten zum Chef kommen.« Ich ging zum Chef. Und da sagte er: »Entschuldige, ich habe eine Bitte.« – »Die wäre?« – »Hier hast du einen Vierjahresvertrag, unterschreibe.« – »Sie haben mir zuerst auch nur einen Jahresvertrag gegeben, das ist Mißtrauen genug. Jetzt wollen Sie ihn plötzlich auf vier Jahre verlängern? Warum eigentlich?« – »Weil ich Angst habe, daß dich nach dieser Premiere alles wegengagiert.«

Nicht nur für mich war diese Premiere wichtig, sondern auch für Stroux. Stroux war ein Schüler und Protegé von Gründgens. Trotzdem war die Übernahme des Düsseldorfer

Schauspieler in Nachtasyl
Regie Karl Heinz Stroux, Düsseldorfer Schauspielhaus 1956
Photo Jürgen Theis

Schauspielhauses natürlich auch eine Kampfansage an die jahrelangen Triumphe Gustaf Gründgens'. Gleich im ersten Jahr hat Stroux mit allen Kanonen geschossen: Eröffnung mit Käthe Dorsch als Elisabeth von England in *Maria Stuart,* danach Werner Krauß als König Philipp.

Aber Publikum und Presse lehnten Stroux das erste Jahr ab. Nach der Generalprobe von *Nachtasyl,* der Eröffnung der zweiten Spielzeit, sagte Stroux: »Also, meine Lieben, ich möchte mich für diese wunderbare Zeit mit euch bedanken. Wenn es wieder nichts wird, dann seien wir uns doch bewußt, daß wir die Institution Theater erhalten müssen für unsere Nachkommen, die es besser können. Tschüs. Toi, toi, toi!«

So einen Appell habe ich nie wieder erlebt. Weil er aus einer Traurigkeit und auch aus einer Bescheidenheit kam. Deshalb haben wir um unser Leben gespielt.

Nach der Premiere von *Nachtasyl* gab es 67 Vorhänge und nach 40, 45 Vorhängen rief der Inspizient bei Stroux im Büro an, der meldete sich nicht. Der Inspizient ging hinauf, klopfte und beschrieb den Erfolg. Stroux hatte sich eingesperrt und war total betrunken. Zum 50. Vorhang ist er heruntergekommen, ging mit uns auf die Bühne. Dort tobte ein Sturm der Begeisterung, er konnte es nicht glauben. Er hatte eine Schlacht gewonnen.

Auch ich hatte erstklassige Kritiken: »Seit Stanislawskis Zeiten hat kein junger Schauspieler so die Leiter zum Ruhm bestiegen.« – Ich wurde sofort größenwahnsinnig. Ich habe mich benommen wie das letzte Schwein.

DER REGISSEUR KARL HEINZ STROUX

Stroux war für mich ein ganz wichtiger Regisseur, seine Regiebemerkungen waren großartig: »Jetzt mußt du weinen wie die Käthe Dorsch.« – »Wie weint die?« – »Die stört, daß sie gleich weinen muß, und da lacht sie, damit das Weinen nicht hochkommt, und dann lächelt sie, und dann lacht sie. Verstehst du? Und auf einmal weiß man nicht mehr, lacht sie oder weint sie? Dann merkt man, sie weint und schluchzt. So mußt du spielen, wie die.«

Er war ein Regisseur des Schauspielers und natürlich des Stücks. Er hatte Triumphe und Katastrophen. Für mich war er ein wichtiger Regisseur und ein erfolgreicher Intendant. Er hatte ein junges Ensemble, Martin Benrath, Heinrich Schweiger, Bernhard Dahms, Peter Kolberg, Wolfgang Agartz. Zu diesem jungen Ensemble engagierte er alles, was Rang und Namen hatte: Werner Krauß, Elisabeth Bergner, Attila Hörbiger, Ernst Deutsch, Maria Wimmer, Joana Maria Gorvin, Hermine Körner. Auch Käthe Dorsch, Rudolf Forster, Otto Wohlbrück wurden in Düsseldorf jeweils für ein oder zwei Stücke engagiert.

Erst später als ich Düsseldorf wieder verlassen hatte, fand ich Zeit, über die außergewöhnliche Anstrengung nachzudenken, diesen Größen das Wasser reichen zu wollen, dieses Sichüberheben, auch die Überheblichkeit. Ich hatte immer unter der größten Anspannung, der größten Anstrengung und der größten Angst gespielt. Ich bin eine Art Medium für Stroux gewesen. Er hatte mich in jeder seiner Inszenierungen besetzt. Wie Pempelfort sorgte auch er dafür, daß die jungen Schauspieler immer wieder auf neue, überraschende Art und Weise in verschiedenen Rollen besetzt wurden. Das finde ich auch heute noch bemerkenswert, nicht nur weil es dem ent-

Schauspieler mit Minetti in Nachtasyl
Regie Karl Heinz Stroux, Düsseldorfer Schauspielhaus 1956
Photo Elfi Hess

spricht, was ich über Stanislawski gehört habe und von Peter Stein kenne.

Da Stroux als Regisseur ein großer Psychologe war, versuchte er das Innerste nach Außen zu kehren und durch seelische Verletzungen einen Schauspieler oder eine Schauspielerin weidwund zu machen, damit er zu einem anderen, einem existentiellen Ausdruck kommt: Die Heesters wiederholte in Hauptmanns *Michael Kramer* als Liese Bänsch fünfzigmal einen Auftritt, bei dem sie als Wirtstochter einen Eisblock zerhacken mußte, der in das Kühlfach soll. Er hat jedes Mal unten gestöhnt: »Käthe Dorsch, erscheine! Marlene Dietrich, wo bist du?«

Nicole hat unter Tränen immer wieder diesen Auftritt wiederholt.

Ich hielt das aus mit meiner masochistischen Talenthurerei. Nachdem Stroux mich vierzehn Tage beobachtet hatte, sagte er zu mir: »Jetzt hab' ich es!« – »Was haben Sie?« – »Du bist zeitlos und geschlechtslos. Das müssen wir nutzen.«

Ich dachte, ich müßte im Boden versinken, weil ich zunächst nicht begriff, was er meinte. Als wir dann gesoffen haben, erklärte er es mir: daß man eine Aura nutzen muß, um den Gegensatz auszuspielen. Also:

»Was macht man mit einem Geschlechtslosen, Zeitlosen – der spielt einen siebzehnjährigen Liebhaber, den Lanzelot Gobbo im *Kaufmann von Venedig*.«

»Das ist aber kein siebzehnjähriger Liebhaber.«

»Den machen wir dazu. Du spielst ihn als Idioten von Dostojewski, weil wir mit dieser Inszenierung nach Berlin gehen. In Berlin gibt es so viele Komiker, die komischer sind als du. Denen machst du keine Konkurrenz, sondern du spielst den Idioten von Dostojewski und daß Lanzelot schizophren ist. Das ist völlig klar, weil er gleich im ersten Monolog sagt:

Mein Gewissen sagt, bleibe bei den Juden, mein Gewissen sagt, geh zu den Christen. Du spielst: Ich weiß überhaupt nicht mehr, was los ist. Dann kommt die Jessica, und du bist betäubt von der Schönheit dieses Mädchens. Du kriegst von der Jessica einen Dukaten.«

Dann fragt er die Schauspielerin, die die Jessica spielt: »Wo hast du den Dukaten versteckt?« – »Hier im Dekolleté.« – »Nein, du hast als Judentochter den Dukaten im Schuh, und deswegen mußt du dich bücken, und er sieht in deinen wunderbaren Busen hinein. Da trifft ihn der Schlag.«

Auf diese Weise hat er ganz bewußt den Text des Dichters benutzt, um eine Figur zu inszenieren, die man so noch nicht gesehen hatte und die deshalb von der Ausstrahlung her überraschend war. Wenn man als Schauspieler noch nicht so weit war, daß man den Franz Moor spielen konnte, fand er immer einen Dreh, einen Trick, daß es dennoch möglich war. In *Nachtasyl* sagte Stroux zu mir: »Im letzten Akt mußt du völlig einsam sein. Im dritten Akt bekommst du Kopeken. Was hast du dafür gekauft?«

»Wodka.«

»Nein, du hast Veilchenparfüm gekauft. Das hast du dir unter die Achseln geschmiert. Du glaubst, gut zu riechen, aber überall, wo du hinkommst, rümpfen die Leute die Nase, und du wirst abgelehnt. Das ist dir furchtbar peinlich, und du begreifst nicht, warum.«

Über einen Vorgang hat man als junger Schauspieler etwas von der Figur begriffen, man konnte aus einem Detail eine Figur entwickeln.

Je kleiner die Rolle, desto verrückter war er. Ich habe zu ihm gesagt: »Sie quatschen überall herum, was für ein genialer Schauspieler ich sei. Na ja, wer soll Ihnen das glauben? Da fehlt doch die sachliche Grundlage. Schließlich und endlich

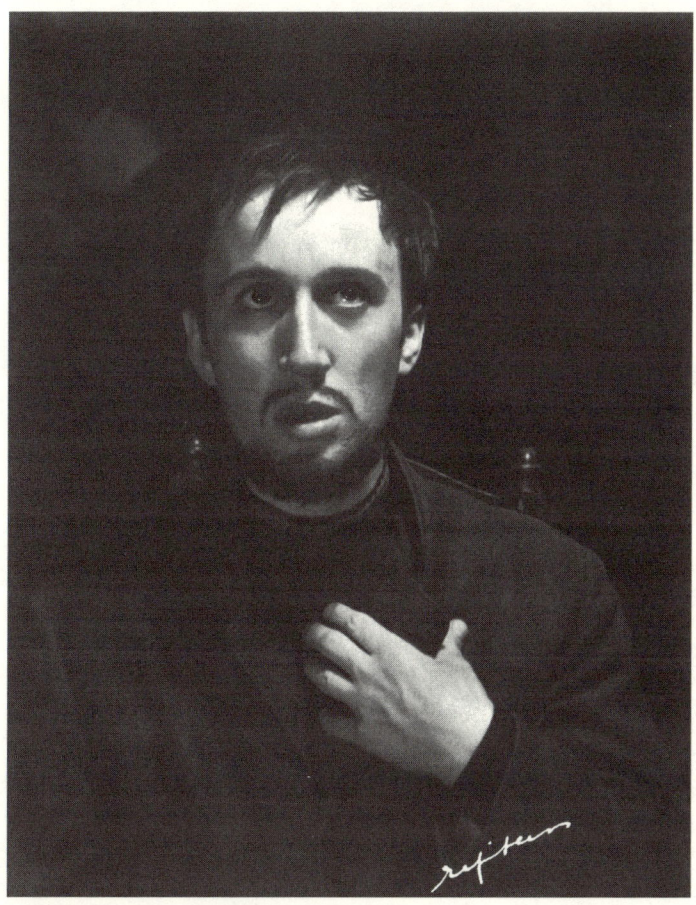

Kiriloff in Die Dämonen
Regie Horst Balzer, Düsseldorfer Schauspielhaus 1958
Photo Elfi Hess

haben Sie mich jetzt im *Wilhelm Tell* besetzt. Ich danke Ihnen. Danke sehr herzlich dafür. Der Parricida ist wirklich eine tolle Rolle: Er ist in jeder Aufführung gestrichen.« – »Ja, ich kann dir auch sagen, warum: weil sie keinen hatten, der das kann. Das kannst nur du. Außerdem spielst du mit dem Attila Hörbiger.«

Dann hat er die Rolle auf eine Weise aufgefächert, daß ich dachte: Ich bin im Gewebe dieses Tibetteppichs so wichtig, ohne mich wäre der Hörbiger verloren. Wenn die Phantasie ein Lebenselement der Bühne ist, dann ist dieses Lebenselement Karl Heinz Stroux.

Dann habe ich in John Osbornes *Blick zurück im Zorn* gespielt. Stroux überreichte mir das Buch wie in einem feierlichen Akt. Ich dachte: Mein Gott, jetzt geht's los, jetzt beginne ich als Schauspieler zum Genie zu werden, jetzt spiele ich die Rolle des Jimmy Porter, die Klaus Kammer in Berlin spielt. Ich gehe auf die Leseprobe, öffne das Buch. In dem Moment, wo ich einatme als Jimmy Porter – Atmen nicht vergessen –, fängt Hans-Dieter Zeidler an, diese Rolle zu sprechen. Da nur zwei junge Leute drin sind, blieb für mich nur Cliff, eine vergleichsweise kleine Rolle. Ich habe gedacht, ich kann ja hier auf der Probe keinen Krach schlagen, außerdem verehre ich den Zeidler so sehr. Aber danach bin ich zu Stroux und habe mich beschwert. Da hat er gesagt: »Du weißt doch, daß ich vorher die Stücke nicht lese, ich habe das verwechselt.«

Die Pelikowski sagte im *Nachtasyl* als Nastja: »Ich gehe jetzt ans Ende der Welt.« Das ist ihr letzter Satz, dann hat sie noch einen Schnaps gesoffen oder was an dem Schlüpfer gerichtet, und dann ging sie die Treppe hoch. Da hat er gesagt: »Erika, entschuldige, Schätzchen, wo ist denn das Ende der Welt?« – »Dort, wo ich abgehe.« – »Das glaube ich nicht. Du schluckst runter, sagst: Jetzt gehe ich an das Ende der Welt. Das Ende der Welt ist hier an der Rampe.«

Das Große war die ungeheure Phantasie, mit der er etwas entworfen hat. Ich konnte die Erfahrungen, die ich durch Stroux gemacht habe, in späteren Inszenierungen immer wieder anwenden. Er hat sich mit der Aura eines jungen Menschen beschäftigt. Stroux war für mich sehr beglückend, weil er immer an das Publikum dachte. Das entsprach natürlich meiner Soubrettengesinnung.

Jahrzehnte später bin ich an dieser Niedrigkeit des Sichanwanzens kläglich gescheitert: mit Alexander Lang bei Molières *Eingebildetem Kranken* am Schiller-Theater. Er hat bewußt und sehr intelligent von mir verlangt: »Kotz die Rolle runter mit einer Verachtung für dieses Publikum, daß es schlimmer nicht geht.«

Ich habe es in der Premiere zu einem Drittel hingekriegt. Nachdem ich aber gemerkt habe, daß das nicht ankommt, in dem Sinne, wie ich Ankommen verstehe, schaltete ich auf die Soubrettentour um, und das kam dann überhaupt nicht an. Ich kenne nur eine Künstlerin, eine der größten der Welt, die diese Verachtung des Publikums, dieses »Nichts Schlimmeres als sich anbiedern«, gepflegt hat: Eartha Kid. Sie war unbeschreiblich in ihrer Verachtung, die übrigens auch für Werner Krauß typisch war. Eine andere Art von Distanz, jenseits von Verachtung, pflegte Elisabeth Bergner, die spielte, als wäre sie in einem Kokon.

CRETINO STUPIDO

Der Erfolg mit *Nachtasyl* hatte Stroux großen Auftrieb gegeben. Er fuhr nach Mailand, hat sich ins Hotel gesetzt und gesagt: »Ich gehe von Mailand nicht weg, bevor ich Giorgio

Bataglia in Die Riesen vom Berge
Regie Giorgio Strehler, Düsseldorf 1958
Photo Elfi Hess

Strehler nicht gesprochen habe.« Zu ihm hat er dann gesagt: »Sie sind für mich der Größte, und Sie müssen an meinem Theater arbeiten.«

Als er aus Mailand zurückkam, verkündete er: »Giorgio kommt!« Er hatte ihn für Pirandellos *Die Riesen vom Berge* engagiert. Er war wie in Trance, saß wie ein Kind bei Strehler jeden Tag auf der Probe und hat sich das angesehen.

Die Proben waren sehr schwierig. Ich spielte wieder mit Minetti. Ich den Battaglia, er den Zauberer Cotrone. Maria Wimmer die Ilse Paulsen.

Strehler verdanke ich eine wichtige Entdeckung, als er sagte: »Immer wenn ein Homosexueller die Bühne betritt, lachen die Leute. Walter, du wirst haben ein großes Nervenzucken und ein Nervenleiden. Du wirst herauskommen und wirst es machen so komisch, daß die Leute lachen über deinen Nervenzustand und nehmen die Homosexualität für eine Selbstverständlichkeit.«

Er stellte große Anforderungen. Minetti hat sich immer herausgeredet, indem er Diskussionen über einen Hemdenknopf entfachte, der am Hals drückte. Es dauerte lange, bis die Übersetzung funktionierte. Wenn Strehler schrie, was oft vorkam, hörte man immer nur: »Cretino stupido!« Auch die Tatsache, daß deutsche Schauspieler erst um zwölf Uhr mittags wach werden, hat ihn verrückt gemacht. Die Italiener sind um sieben Uhr früh schon auf der Piazza. Drei Tage vor der Generalprobe kam Strehler und sagte: »Das wird eine Katastrophe. Ich bin es nicht gewohnt, in so kurzer Zeit etwas zu inszenieren. Es liegt nicht an euch. Ich habe versprochen, es in so kurzer Zeit zu machen, wo ich sonst fünf Monate Probe brauche.«

Die Aufführung war vielleicht das Fragment einer Theateraufführung, aber in jeder Sekunde war zu spüren, was gemeint war. Am Tag der Premiere lief das erste Drittel des ersten Aktes von neun Uhr früh bis sieben Uhr abends ununterbrochen durch. Die Inszenierung fand sowohl in der Presse wie auch beim Publikum eine sehr zwiespältige Aufnahme. Sie war mit großer Aggression gegen das Publikum inszeniert. Als die Szene kam, »Wer sind die Riesen vom Berge«, ist der Minetti mit der Wimmer in den Zuschauerraum und sagte: »Die haben Eisenhütten und keine Herzen, die haben Kohleminen und keinen Verstand.« Das ganze von Gründgens ins Leben gerufene Premierenabonnement der Stadt Düsseldorf, wo die Rhein- und Ruhrbarone pro Sitz, pro Premiere tausend Mark für die ersten acht Reihen bezahlt hatten, saß da. Als Minetti diese aggressive Rede hielt, standen hundert Leute im vorderen Parkett auf und sind gegangen. Die Türen blieben offen, die Stühle waren leer. Ganz ohne Protest haben sie den Saal verlassen. Am Schluß der Aufführung gab es von den Übriggebliebenen einen riesigen Applaus.

Stroux hatte im Umkreis der Premiere eine italienische Woche veranstaltet, die mit *Diener zweier Herren* aus Mailand eröffnet wurde. Das war ein ungeheurer Triumph. Bei der Premierenfeier im »Breidenbacher Hof« sagte irgendein dämlicher Mensch zu Stroux: »Das Premierenabonnement haben Sie verloren.« – »Ja, das ist es mir wert, denn die haben mich auf eine wunderbare Idee gebracht. Die Abonnements schreib' ich nächsten Monat wieder aus. Ab dann kostet jeder Platz zweitausend.«

Er ist alle Abonnements losgeworden.

Immer wenn ich später mit Minetti über diese Arbeit sprach, sagte er: »Ich glaube, da war ich nicht gut.«

»Du warst glänzend. Du warst großartig.«

»Aber was soll das?«

VORSPRECHEN BEI KORTNER

1957 wurde ich Fritz Kortner empfohlen. Ich fuhr nach München zum Vorsprechen. Er suchte einen Bleichenwang für *Was ihr wollt*. Ich lernte die Rolle nachts im Zug auf der Fahrt von Düsseldorf nach München.

Ich war dreiundzwanzig und spielte neben Werner Krauß als Lear den Narren. Krauß erschien mir wie ein Gott. Ich sprach so wie er, und ich glaubte, ich sei der zweite Werner Krauß. Kortner war gefürchtet, weil er immer die Wahrheit sagte.

Als ich ankam, fragte Hans Schweikart, der Intendant: »Haben Sie Angst vor dem Kortner?« – »Ja.«

Kurz darauf ging die Tür auf; Kortner betrat den Raum. Ich sprang auf und machte den tiefsten Diener, den Europa je gesehen hat. Alle haben furchtbar gelacht. Sie hatten einen Bühnenarbeiter gerufen, der mit Kortner eine Ähnlichkeit hatte, und ihn in einen Anzug gesteckt.

Ich holte die Reisespesen ab: »Gehen Sie was essen. Um fünfzehn Uhr kommt Herr Kortner.«

Kortner hat nach der Probe immer in der Halle des »Hotels Vierjahreszeiten« gesessen, Mokka getrunken und Zigarre geraucht. Ich ging kurz vor drei die Otto-Falckenberg-Straße hinunter, und er kam herauf. Er hat sich bei mir eingehängt. Ich habe mich nicht vorgestellt, er wußte schon, bleich, wie ich war: Das kann nur dieser Kerl sein. Er sagte: »Na ja, es ist eine furchtbare Sache, vorzusprechen. Aber irgendeine Möglichkeit müssen wir finden, uns kennenzulernen. Also kommen Sie.«

Außer ihm waren während des Vorsprechens Hans Schweikart und der Dramaturg Erich Sichtig anwesend. Sie haben sich zwei Stunden Zeit genommen, einen Anfänger anzuhören. Ich habe meine Rollen genannt. Ich hatte vor allem Rollen, die nicht so bekannt sind, damit man nicht vergleicht. Ich sollte den Narren aus *König Lear* sprechen, anschließend fragte Kortner: »War das die Regie?« – »Ja.« – »Sie sind ein großer Verehrer von Werner Krauß.«

Ich hatte gerade Kortners Autobiographie, *Aller Tage Abend,* gelesen: Kortner ist 1937 mit seiner Frau unterwegs in die Emigration nach Amerika und wird dort von Freunden erwartet. In dieser Zeit spielte Krauß Richard III. bei Jürgen Fehling. Kortner war der Richard III. in der Regie von Leopold Jessner gewesen, eine Jahrhundertleistung. Als New York in Sichtweite ist, sagte er zu seiner Frau Johanna: »Wir wollten ja immer schon New York sehen.« Sie kamen am Pier an, wurden von ihren Freunden empfangen. Ein Freund zeigte ihm die Kritiken von Werner Krauß als Richard III. Kortner schreibt in dem Buch: »Ich kannte alle Namen und las, bis das Auto hielt. Wir waren vor dem Hotel angelangt, ohne daß ich auch nur einen Blick auf die Straßen geworfen hatte, die zu sehen ich so begierig gewesen war.«

Vorsichtig antwortete ich also: »Ja, ich habe während der Proben und Aufführungen Herrn Krauß sehr schätzen und lieben gelernt.«

»Ja, das merkt man.«

Mandelstam, der jüdische Friseur aus Carl Sternheims *Die Hose,* war eine andere Vorspielrolle. Im Normalfall spielte ich den natürlich wie die gesamte Synagoge. In dem Moment habe ich gedacht: Das geht ja alles nicht. So habe ich das ganz neutral gespielt, sehr germanisch. Kortner lachte und sagte: »Also, das ist auch total falsch.«

Er kam zu mir und hat mir vorgespielt, wie der Jude ist. Dann sprach ich einen Nestroy vor, da hat er einmal gelacht. Ich beschloß, den Nestroy nie wieder vorzusprechen: »Meine

Frau hat eine Tugend. Sie bringt die fünfte Schale Kaffee schon schwer hinunter. Das ist eine Tugend!« Da hat er »he« gemacht. Ich dachte, vielleicht trinkt seine Frau zuviel Kaffee. Dann Ibsens *Peer Gynt.* Nach jeder Vorsprechrolle hat er eine vernichtende Kritik geübt, jedoch von solcher Konstruktivität und von solch profunden Wissen, daß man es nur als eine große Auszeichnung empfinden konnte. Er urteilte mit großem Kunstverstand, und das, ohne persönlich zu verletzen. Man spürte, daß der Vorgang des Theaterspielens wichtig war, was zu einer ungeheuren Konzentration führte, in der ich mich als Schauspieler aufgehoben fühlte. Plötzlich sagte er: »Sie sind ein expressionistischer Schauspieler.« – »Ach, entschuldigen Sie, Herr Kortner, darf ich das als ein Kompliment empfinden?« – »Wie kommen Sie auf die Idee?« – »Na ja, Sie waren doch der Protagonist des Expressionismus.« – »Ja. Das ist lange vorbei. Ich halte Sie für begabt genug, daß Sie ohne Expressionismus auskommen.«

Nach dem Vorsprechen begleitete ich ihn noch nach Hause und fuhr anschließend nach Düsseldorf zurück. Ich meldete mich bei Stroux an: »Chef, Sie haben mir doch immer gesagt, ich könnte drei Monate Gastierurlaub bekommen. Ich hätte eine Chance, bei Kortner den Bleichenwang zu spielen.« – »Wo hast du den kennengelernt?« – »Ich bin vorgestern nacht nach München gefahren und hab' gestern vorgesprochen.« – »Ich habe keinen Urlaubsschein unterschrieben, das kann ich nicht zur Kenntnis nehmen.« – »Aber ich sage es Ihnen jetzt.« – »Ja, ich kann es aber nicht zur Kenntnis nehmen. Elisabeth, bitte ein Textbuch!« – Feierlich legte er mir ein Textbuch hin: »Du spielst den Taubstummen in Giraudoux' *Die Irre von Chaillot.* Das wird sicher großartig sein. Ich lass' Herrn Kortner schön grüßen. Oder die Kammerspiele kaufen dich frei. Und für das Geld engagiere ich einen Gast.«

Damit war das Kapitel Fritz Kortner gestorben.

Natürlich war ich eine Zeitlang sehr traurig. Aber dieses Vorsprechen war entscheidend: mit Dankbarkeit eine Kritik entgegenzunehmen, von einem Mann, der vom Theater so viel versteht. Damals dachte ich mir, das übernehme ich. Das ist ein Kapital, das mir geschenkt wurde, das übernehme ich, daß man sich unter Kollegen auf eine produktive Weise kritisiert.

Aber leider hat die Fähigkeit zur gegenseitigen Kritik abgenommen. Das hängt auch damit zusammen, daß sich immer weniger Schauspieler dafür interessieren, was im Gesamten passiert oder was der Kollege spielt. Viele sind froh, wenn sie zwischen Funk und Fernsehen den Text gelernt haben.

Joana Maria Gorvin und Jürgen Fehling

Fehling war der schönste Mann, dem ich je begegnet bin. Ich traf ihn nach der Premiere von *Der Kaufmann von Venedig* auf einem Gang im Theater, und er sagte: »Können Sie mich zur Garderobe von Frau Gorvin bringen?« – »Ja, Herr Fehling«, und verneigte mich. Vor der Garderobe blieben wir stehen, und ich sagte: »Das ist die Garderobe von Frau Gorvin.«

Einige Zeit später, ich war fünfundzwanzig Jahre alt, lud mich Joana Maria Gorvin ein, mit Düsseldorfer Freunden und mit Jürgen Fehling zu Abend zu essen. Fehling war damals schon in psychiatrischer Behandlung. Ich bemerkte, daß diese Freunde mit Fehling wie mit einem Kleinkind, wie mit einem Trottel sprachen: »Wie geht es dir, Jürgen? Du siehst sehr gut aus. Und so elegant. Und was nehmt ihr als Vorspeise?«

So ging ein Geflöte hin und her, das mir zwar auffiel, das ich aber nicht zu deuten wußte. Es ist ganz eigenartig, ich hatte mich bis zu diesem Augenblick noch nie mit Psychiatrie beschäftigt. Auch war ich, je intimer wir wurden und je näher die Gorvin mir in ihrer Zuneigung kam, viel zu vornehm, um je zu fragen: Was für eine Krankheit hat er?

Er hat dreimal gefragt: »Sag mal, wer ist denn das?« In großen Abständen, bis das Abendessen fast zu Ende war, und die Gorvin sagte immer wieder: »Das ist Herr Dr. Schneider mit seiner Frau.« Je öfter er fragte, desto unsicherer, angstvoller und verzweifelter wurde die Gorvin. Beim dritten- oder viertenmal, als er wieder gefragt hatte und sie sagte: »Herr Dr. Schneider und seine Frau«, hat er seinen Arm um sie gelegt und gesagt: »Ach Joana, hältst du mich auch schon für verrückt?« Dann haben sie beide gelächelt. Allmählich leerte sich der Tisch. Das war der Abend, an dem er sagte: »Was wollen Sie denn einmal spielen?« – »Hamlet.« – »Können Sie das auswendig?« – »Ja.« – »Also fangen wir an.«

Ich nahm natürlich den berühmten Monolog: »Sein oder Nichtsein – das ist hier die Frage.« Er sagte: »Ich glaube, das ist nicht richtig. Im Englischen heißt es: ›To be or not to be – that's the question.‹ *Das* ist hier die Frage.«

Er hat über Hamlet geredet, und der Abend war ein göttlicher. Für mich in jeder Beziehung ein Traum: dieser Mann, diese Frau, diese lächerlichen Leute.

1960 war ich bei seinem fünfundsiebzigsten Geburtstag in Hamburg. Der Abend war sehr schön. Er kam in einem hocheleganten, sehr legeren Hausanzug. Er hat alle Briefe und Telegramme zu seinem Geburtstag auf den Fußboden gelegt wie einen großen Teppich. Und dann hat er die Gorvin genommen und hat gesagt: »Joana, du sollst über diesen Teppich gehen.«

Dann setzte er sich. Sie hatte gerade Proben, *Gyges und sein Ring*. Und da sagte er: »Ja, so, diese eine Stelle, das ist sehr schwierig. Die lese ich euch jetzt vor.«

Er konzentrierte sich unendlich lange und las aus *Gyges und sein Ring*. Zwei Tage später hielt er seine letzte Rede.

So bin ich in meinem Leben immer auf Menschen gestoßen wie Jürgen Fehling, ich konnte in deren Nähe sein, ihnen zuhören und nahm etwas mit, was ich nicht vergessen habe, was mein Leben bestimmte.

Joana Maria Gorvin war die einzige Frau, der ich je in einem Brief kondoliert habe. Nach Fehlings Tod im Jahre 1968 schrieb ich ihr, wer er für mich war, wo ich ihn sah und warum er mich »Garderober« genannt hat. Im Hotel »Atlantik« gab es am Morgen der Trauerfeier Champagner für alle seine Freunde. Und am Abend hat die Gorvin den *Liebestrank* von Wedekind gespielt.

Ein Jahr nachdem ich Fehling kennengelernt hatte, 1957, zertrümmerte ich aufgrund einer furchtbaren Auseinandersetzung mit Karl Heinz Stroux auf einer Probe zu *Michael Kramer* die Dekoration, weil er meiner Meinung nach etwas von mir als Arnold Kramer verlangte, was ich absolut falsch fand. Er war nicht bereit, mit mir zu diskutieren. Drei Tage später beschimpfte ich Stroux vor dem ganzen Ensemble: »Sie sind für mich ein Diktator, sonst gar nichts. Wenn ein junger Schauspieler nicht mehr die Möglichkeit hat, seine Gedanken über eine Rolle zu äußern, dann hört für mich das Theater überhaupt auf. Ich gehe nach Bonn! Da sind nicht so gute Regisseure, aber dafür kommt man als Schauspieler weiter.«

Unten saß ein Dramaturg, der später auch mein Chefdramaturg an den Münchner Kammerspielen werden sollte, Dr. Heinar Kipphardt. Kipphardt war mehrere Jahre Arzt in verschiedenen Nervenheilanstalten, bevor er zum Theater kam. Stroux schickte Kipphardt zu mir, der sagte: »Ich glaube, es wäre gut, wenn du eine Schlafkur machst, um zur Ruhe zu kommen. Wir haben in der Psychiatrie in Grafenberg ein wunderbares Zimmer in der Privatstation mit einem Krankenpfleger Tag und Nacht.« »Das ist das bequemste. So bringt man jemanden zum Schweigen.« Der Chauffeur von Stroux brachte mich nach Grafenberg – und ich sagte: »Ich schweige. Das heißt aber nicht, daß nicht der Moment kommen wird, in dem ich wieder rede.«

Ich schlief drei Tage und drei Nächte, und als ich aufwachte, lag auf dem Nachtschrank ein Paket mit gebratenen Hühnern und zwei Flaschen Rotwein – »Alles Gute, von Herzen, Ihre Joana.«

Das richtete mich auf, machte mich gleich wieder mutig. Wie es immer in meinem Leben die Frauen waren, die mir das Glück gebracht haben, war es dort Charlotte Marienfeld, eine Stationsschwester auf der Privatstation, die an meinem Bett saß und sagte: »Also, ich habe jetzt mit Ihnen einen Plan. Erstens müssen Sie sich immer denken: Goldschmidtsjunge.« – »Was ist das?« – »Das ist ein rheinischer Ausdruck, wenn man sich über etwas aufregt, sagt man ›Goldschmidtsjunge‹, denkt nach und sagt noch einmal ›Goldschmidtsjunge‹. Ich bringe Ihnen jetzt einen Liter starken Bohnenkaffee, den Sie trinken werden, damit die Wirkung Ihrer Medikamente nachläßt. Sie sind sicher ein wunderbarer Schauspieler. Wenn die Generalvisite kommt, werden Sie so in Trances sein, daß Sie vom Bett fallen.«

Sie kam mit einem Liter Bohnenkaffee, ich wurde wach, fühlte mich sehr wohl und hatte eine ungeheure Lust auf diese Generalvisite, um Schwester Charlotte durch mein glänzendes Spiel zu beeindrucken. Die Tür ging auf, und sie flogen herein wie weiße Tauben. Der Chef der Psychiatrie in Grafenberg, Herr Prof. Dr. Dr. Panse, kommt, in der Hand einen Schlüsselbund, mit dem er immer spielte wie mit Kastagnetten. Hinter ihm der ganze Schwanz von Ober-, Unter-,

Nebenärzten und Assistenten. Ich saß am Bettrand, bin sofort in einen Trancezustand gefallen. Schwester Charlotte lachte, weil Professor August Panse sagte: »Das ist ja ein Rätsel, das ist ja alles ein Rätsel. Nach dieser Medikamentation müßte der Patient am vierten Tag im Tiefschlaf sein.« Ich spielte wunderbar für Schwester Charlotte. Professor Panse sagte: »Kneipp, Kneipp, Kneipp!« So kam ich ins Kneippbad Wörishofen. Mir hat es in Bad Wörishofen sehr gefallen – die Bamberger Symphoniker gastierten, es gab Vorträge, den »Tanz der einsamen Herzen« – es war wunderbar. Ich ahnte aber auch, daß Stroux ein schlechtes Gewissen hatte, weil er mich sehr liebte. Er wußte auch, daß ich ihn liebte, schätzte und vergötterte, aber dennoch auf meinem Recht bestand, das, was ich für die Wahrheit hielt, zu sagen, und daß er die Verpflichtung hatte, mich vom Gegenteil zu überzeugen.

An einem Nachmittag saß ich in meinem Zimmer, Kekse essend. Da ging das Telephon – Stroux:

»Wie geht es Ihnen?«

»Danke.«

»Danke gut, oder wie? Ich komme ohne dich nicht mehr aus. Wenn du nicht bald hierherkommst, steht das Theater still.«

»Was wollen Sie damit sagen?«

»Ich brauch' dich dringend für den Trofimow in *Kirschgarten*. Gleichzeitig für den Lucky in *Warten auf Godot,* das inszeniere ich. Aber mit dir. Und der Regisseur von *Kirschgarten* ist Peter Scharoff.«

»Der von der Dumont? Wann sollen denn vom *Kirschgarten* die Proben beginnen?»

»Nächste Woche, Montag.«

»Ja, ich bin da.«

Ich war gerettet. Gerettet.

MONOTONE MUSIK DER SEELE

Später, viel später, habe ich mit Hilfe von Ingmar Bergman und Professor Hinderk Emrich versucht, die »monotone Musik« meiner Seele zu finden. Das ist die Musik, die Kinder vor dem Einschlafen hören, eigentlich die Musik aus den Kinderliedern, die ihnen ihre Mütter vorsingen, Lieder, die nicht nur ruhig, sondern auch traurig machen.

Bergman schenkte mir zu Beginn unserer Freundschaft eine Plattenaufnahme der Berliner Philharmoniker mit Wilhelm Furtwängler, die Haydn-Variationen von Johannes Brahms. Brahms, der in seiner tiefen Melancholie und in seinem depressiven Leben, in seiner Ausweglosigkeit, auch in seiner vergeblichen Liebe zu Clara Wieck, immer etwas Heiteres schreiben wollte. Ich sagte zu Bergman: »Diese Musik hat auf mich überhaupt keine Wirkung.« – »Dann ist es eben für dich nicht die richtige. Du mußt suchen, du mußt nachdenken, du mußt wählen und du mußt hören, dann wirst du eine Musik finden.«

Ich hatte das Gefühl, diese Musik finden zu können. Wenn ich zu heiter bin, spiele ich sie, und wenn ich zu traurig bin, spiele ich sie. Das sind Eric Satie und Johann Strauß, wobei mir die Musik von Johann Strauß, von dem ich in Bonn drei Operetten gespielt habe, mehr entspricht. Sie ist eine Mischung aus Lüge und Wahrheit, aus Heiterkeit und Traurigkeit, aus Walzerseligkeit und Todessehnsucht. Später habe ich meine Suche aufgegeben, weil sie sehr viel Ruhe und sehr viel Zeit brauchte.

Ich kam zurück nach Düsseldorf und spielte *Warten auf Godot,* spielte *Kirschgarten.* – Über *Michael Kramer* wurde nie wieder ein Wort verloren.

Seitdem sind viele Jahre vergangen. Ich habe mir einige

Dinge geleistet. Ich war auch häufig in Kliniken. Bis ich eines Tages zu Klaus Maria Brandauer sagte: »Weißt du, ich habe immer das Gefühl, ich war nie krank. Ich war nie manisch-depressiv.« – Ich habe dich nie für manisch-depressiv gehalten. Nie!« – »Warum hast du das niemals gesagt?« – »Ich habe mir gedacht, *du* wirst es eines Tages sagen.« Zu Professor Emrich sagte ich: »Wissen Sie, die Symptome der Verzweiflung sind die Symptome der manisch-depressiven Erkrankungen. Und wenn ein Mensch in seinem Leben wirklich verzweifelt war und völlig aus der Fasson geriet, außer Rand und Band, in jeder Hinsicht, dann war ich es.« Emrich sagte später zu mir: »Sie sind nicht manisch-depressiv, Sie haben eine tiefe Melancholie in sich.«

Heute weiß ich, daß neben den Abgründen, den Schwierigkeiten und Problemen, die ich mit meiner Krankheit habe, aus dieser natürlich auch eine besondere Befähigung erwächst. Der Schauspieler ist aufgefordert, einen gewissen seelischen Zustand nachzuvollziehen und diesen in sich zu erzeugen. Wenn man gewisse Gefühlszustände in sich erzeugt, im wiederholten Falle auch technisch, dann ist natürlich diese Melancholie nicht nur eine Sache der Galle. Die Galle ist vom rein medizinischen Standpunkt aus einmal kalt und einmal erhitzt. Die Erhitzung der Galle ist ein ähnlicher Zustand wie das Berauschtsein durch Alkohol oder Drogen. Die Erhitzung der Galle findet auf organischem Wege durch das Blut statt, das Blut kocht über. Wenn jemand auf der Bühne steht, ob als Sänger, Schauspieler oder Tänzer, kann er nicht als Herakles einen Todesschrei von zwanzig Minuten liefern, ohne daß ihn jenseits der Technik, – Atmen, Fühlen, Denken – ein manischer Zustand, ein Rausch, befällt, der eine Steigerung der Leistung bewirkt oder sie zum Blühen bringt. Die seelischen Gefährdungen und die existentiellen Krisen gehören zu meinem Leben und zu meiner Arbeit. Ich habe mir das nicht ausgesucht, aber ich weiß, daß das Bewußtsein von diesen Gefährdungen mir oft bei der Gestaltung von Figuren geholfen hat, weil ich ein Gespür für die Abgründe hatte, die unter der Oberfläche lauerten.

WERNER KRAUSS

1950, nach siebzehn Jahren Linz an der Donau, Linzer Landestheater und dessen Schauspielern, sah ich in Salzburg zum erstenmal Werner Krauß als Malvolio in *Was ihr wollt*. O.W. Fischer war Orsino, Judith Holzmeister die Olivia, Alma Seidler die Marie, Susi Nicoletti die Viola, Albin Skoda der Narr, Josef Meinrad war Bleichenwang. Das war einer der wichtigsten Augenblicke in meinem Leben, weil er mich in meinem Entschluß, Schauspieler zu werden, bestärkte. Ein Jahr später ging ich an die Schauspielschule.

In Wien ging ich ins Burgtheater, um *ihn* zu sehen. Hier sah ich ihn auch als Malvolio, als Hauptmann von Köpenick, als Enobarbus in *Antonius und Cleopatra* und in vielen anderen Rollen.

Ich wußte natürlich: Der große Max-Reinhardt-Schauspieler hatte den Jud Süß gespielt, war der Darsteller des Shylock in einer antisemitischen Aufführung des *Kaufmanns von Venedig* unter der Regie Lothar Müthels in Berlin und in Wien gewesen und der Träger des goldenen Parteiabzeichens. Ich wußte auch, daß er in einem Entnazifizierungsverfahren bei den Amerikanern in Salzburg mit zwei Jahren Auftrittsverbot belegt worden war. Aber das alles spielte für mich keine Rolle. 1956 kam ich im gleichen Jahr wie Werner Krauß nach Düsseldorf und wollte mit ihm spielen.

Er sollte den Galilei in *Leben des Galilei* spielen. Ich dachte:

Das ist das Schlimmste, was mir passieren kann, denn für den kleinen Mönch bin ich zu groß, Cosmo de Medici ist keine Rolle, und Andrea Sarti wird man mir als Anfänger nicht geben. Da werde ich wohl herumstehen müssen.

Krauß war schon in der Stadt und sein bester Freund, Heinrich Schweiger, auch. Schweiger erzählte mir: »Stell dir vor, *Galilei* kann nicht kommen, die Helene Weigel hat Protest eingelegt beim Suhrkamp Verlag, daß ein Herr Werner Krauß, der *Jud Süß* gespielt hat, ein Stück ihres Mannes nicht spielen darf.«

Galilei war das letzte Stück, das Krauß studierte, denn er war zuckerkrank, hatte Konzentrationsschwierigkeiten und konnte sehr schwer Text lernen. Ich dachte: Was wird jetzt passieren? Krauß wird mit Stroux sprechen, er will ein Stück spielen, möglichst einen Klassiker, den er in Düsseldorf noch nicht gespielt hat, und dessen Text er schon kann. Und ich hoffte dabei auf eine bessere Rolle.

Dann hörte ich, daß Elisabeth Bergner, Krauß' beste Freundin, ihn aufgefordert hatte, gegen die Weigel zu prozessieren, denn sie war dabeigestanden, als Brecht mit dem *Galilei* auf den Krauß zugegangen ist und gesagt hat: »Wenn Sie ein Theater finden und das spielen wollen, ich wäre Ihnen zu großem Dank verpflichtet. Das Stück gehört Ihnen.« Aber Krauß sagte, mit dem Entnazifizierungsverfahren habe er genug: Er prozessiert in seinem ganzen Leben nicht mehr. Er spielt den *König Lear*. Da dachte ich: Den Edgar habe ich schon in Bonn gespielt, vielleicht gibt er mir den Edgar.

Eines Tages hing der Besetzungszettel aus – Narr: Walter Schmidinger. Zum Frohlocken war es jedoch zu früh. Denn einige Zeit vorher hatte Werner Krauß den Ifflandring bekommen und mit dem Ring zehn handgeschriebene Textbücher aus dem Besitz des Schauspielers Friedrich Mitter-

Mit Heinrich Schweiger

Narr in König Lear *(mit Werner Krauß)*
Regie Karl Heinz Stroux, Düsseldorfer Schauspielhaus 1957

wurzer. Eines dieser Bücher, *König Lear,* hatte Krauß seinem Freund Schweiger gewidmet: Mein lieber Heinrich, wenn ich noch einmal in meinem Leben den *Lear* spiele, wünsche ich mir Dich als Narren, Dein alter Werner Krauß.

Krauß intervenierte bei Stroux: Er spiele nicht mit einem jungen Schauspieler, den er nicht kennt; der Lear und der Narr müßten eine besondere Bindung, ein inniges Vertrauen zueinander haben. Stroux blieb hart: »Noch besetze ich, Werner, und das bleibt dabei.«

Daraufhin erschien Krauß eine Woche nicht auf den Proben. Heinrich Schweiger sagte zu ihm: »Werner, der Junge vergöttert dich, und du bist ihm zumindest schuldig, daß du dir eine Aufführung ansiehst, in der er spielt. Und wenn du ihn akzeptierst, spiele ich den Edmund. Dann haben wir auch einige Szenen zusammen. Dann ist auch der Zwist zwischen Stroux und dir gelöst.«

Krauß besuchte eine Vorstellung von *Nachtasyl.* Ich hatte darin zwei Sätze aus dem *König Lear* zu sprechen. Ich bin aus der Inszenierung herausgetreten und an die Rampe. Krauß saß in der ersten Reihe – und ich habe gesagt: »Höre mich, Rebell, bei deiner Lehenspflicht, höre mich!«

Er hat furchtbar gelacht. Am nächsten Tag fand ein Treffen in seiner Wohnung statt und er sagte zu mir: »Sie sind zu groß. Ein Narr kann nicht größer sein als ein König, das geht doch gar nicht.«

»Ich kann doch knien, ich kann gebückt gehen, sitzen, hocken, ich kann weit weg von Ihnen am Boden liegen, ich kann alles. Sie werden sich nie zu beklagen haben, daß ich größer bin als Sie.«

»Ja, ja. Mit Ihnen, da habe ich mir was eingehandelt. Also gut.«

Dann begannen die Proben, und die Situation zwischen

Stroux und ihm wurde immer gespannter und unangeneh-
mer. Da frage ich ihn: »Wieso benimmt sich der Stroux so
gegen Sie?« – »Das sage ich Ihnen nicht.«

Dann hat er mir es doch erzählt: »Stroux hat als Anfänger
am Staatstheater Schillers *Verschwörung des Fiesco zu Genua*
inszeniert. Ich bin oben auf der Treppe aufgetreten. Der junge Stroux hat gesagt: ›Das ist ja klar, daß Sie die Treppe be-
nutzen, da oben, um die anderen zu überragen.‹ Da habe ich
gesagt: ›Nein, nein, nein. Ich benutze die Treppe, damit ich
zu Ihnen hinuntersteigen kann.‹«

Seit dieser Zeit war die Atmosphäre gespannt.

Ich spielte also. Wir saßen jeden Tag an der Seitenbühne
und warteten auf den Auftritt. Irgendwann habe ich mich ge-
traut:

»Darf ich Sie etwas fragen?«

»Ja, wenn Sie aufpassen, was auf der Bühne los ist.«

»Darf ich Sie alles fragen?«

»Sie können mich alles fragen.

»Warum haben Sie das gemacht, *Jud Süß* zum Beispiel? Haben Sie das machen müssen?«

»Ich habe vier Rollen zur Bedingung gemacht. Ich sollte
nur einen Juden spielen, den *Jud Süß*. Aber ich wollte alle vier
spielen. Bei vier Schauspielern hätte einer versucht, den anderen zu übertreffen. Jeder hätte versucht, jüdischer zu sein
als der andere. Sie können sich denken, daß ich das alles zu-
tiefst bereue. Und ich sage Ihnen gleichzeitig: Wem nützt
diese Reue? Ihnen? Mir? Ich habe Ihnen das erzählt, damit
Sie sich klüger verhalten als ich, wenn Sie in Ihrem Leben
einmal in einem totalitären Staat leben sollten.«

Die zwei Jahre Auftrittsverbot verbrachte er als Schäfer
in der Nähe von Stuttgart. Er sagte noch: »Wissen Sie, der
Stroux ist feige, denn ich habe ihm vorgeschlagen, mir statt

König Lear den Shylock zu geben. Ich hätte ihn so gespielt wie in Berlin und Wien, um zu beweisen, daß daran nichts antisemitisch war. Aber Stroux sagte: ›Dann kann ich meinen Intendanzposten zurückgeben, das geht nicht. Außerdem habe ich Shylock und den Nathan Ernst Deutsch versprochen.‹«

Dann betrat er die Bühne und spielte. Ich habe ihn angesehen, bewundert und geliebt.

Die Bergner war in den letzten drei Proben, sie kam danach zu mir und sagte: »Ich danke Ihnen, daß Sie den Werner so lieben.« Sie schenkte mir eine Rose, und ich habe Kritiken gehabt wie selten ein junger Schauspieler.

Es wurde geschrieben: »So etwas von Liebe hat man auf der Bühne noch nicht gesehen.« Krauß hat natürlich mit mir gearbeitet, aber nur sehr punktuell. Wir gingen von links nach rechts an der Rampe, und in der Mitte der Bühne sollte ich ihn am Mantel zupfen, er drehte sich um – wir haben einen kurzen Dialog –, dann ging er weiter. Da hab' ich gefragt: »Soll ich noch einmal den Mantel berühren?« – »Das geht nicht, Sie müssen den Arm ausstrecken und die Schulter und den Körper, und zehn Zentimeter bevor Sie mich berühren, spüre ich das und drehe mich um. Wir müssen unsere Verbundenheit zeigen.«

IN GRÜNDGENS' KLEIDERN

Dann kamen die Kostümentwürfe von Jean-Pierre Ponnelle, der grundsätzlich Kostümentwürfe für schlanke, dünne, große Tänzer machte. Krauß hat sich das angesehen und zu dem Assistenten gesagt: »Der junge Mann kennt mich nicht, er möchte doch einmal vorbeikommen, damit wir darüber reden.« Der Assistent kam zurück: »Wenn Ihnen die Entwürfe von Herrn Ponnelle nicht zusagen, läßt Ihnen Herr Ponnelle sagen, sollen Sie sich ein Kostüm aus dem Fundus suchen.« Krauß bekam einen Tobsuchtsanfall. Dann bat er den Kostümchef Walter Zemma: »Richten Sie Kostüme her, und ich sehe mir die an.« Zemma war Kostümchef der Preußischen Staatstheater gewesen, Gründgens hatte ihn nach dem Krieg nach Düsseldorf geholt. Krauß nahm mich an der Hand: »Sie gehen mit.« Auf dem Weg von der Kantine zum Konversationszimmer, wo die Kostüme auf Tischen ausgebreitet waren, sagte er: »Wenn ich nicht eine Wohnung in Wien, eine Wohnung in Düsseldorf und eine in Berlin hätte, wenn mein Sohn nicht auf dem teuersten Internat, ich nicht zuckerkrank wäre und meine Frau so jung – wenn die Situation anders wäre als sie ist, dann würde ich jetzt sofort abreisen. Kommen Sie.«

Er hat sich die Kostüme angesehen, und Walter Zemma erklärte: »Das hat Herr Gründgens als Wallenstein getragen, das hat Herr Gründgens als Mephisto getragen, das hat Herr Gründgens als Franz Moor getragen.« Krauß sagte: »Herr Zemma, machen Sie mir ein Kostüm, ganz egal, wie es ist, Sie werden das richtige für mich finden. Das weiß ich. Machen Sie es mir neu, nur für mich. Ich danke Ihnen. Auf Wiedersehen.« Ich habe den Mantel von Gründgens als Franz Moor angezogen und bin hinterher. Da sagte er: »Wissen Sie, der Gründgens war der Mann, den ich am meisten verehrt und geschätzt habe und der zu mir gesagt hat: ›Wenn wir diesen Krieg überleben, Werner, fangen wir beide wieder an.‹ Er hat sich nie wieder gemeldet.«

Am 22. Dezember 1956 war Premiere. Ich ging in seine Gastgarderobe. Der Raum davor war voller Blumen. Ich habe geklopft, bin hinein, und da stand nur eine kleine Vase mit Veilchen. Ich sagte: »Sie haben alle Blumen rausgeräumt, und nur diese haben Sie hier drin?«

»Ja. Die sind von Herrn Walter Zemma, der mir das Kostüm genäht hat. Also toi, toi, toi.«

Er war damals schon über sechzig. Nach dem zehnten Vorhang ist er in seine Garderobe, hat den Smoking angezogen und ist damit auf die Bühne gekommen. Wir hatten einen Vorhang zu zweit. Wir kamen von verschiedenen Seiten, und der alte Krauß hat vor mir eine Verbeugung gemacht, und ich habe gedacht: Jetzt trifft mich der Schlag.

Jede Vorstellung war ungeheuer, je nach Zuckerspiegel. Er war ungeheuer, selbst wenn er die Rolle – was eine Gemeinheit ist, wenn ich das sage – nur gesprochen hat, weil ihm die Kraft fehlte. Er war unbeschreiblich.

Natürlich war er auch gefürchtet. Und er hat auch geschmiert, aber wehe, man hat gelacht.

Während des Applaus' wunderte ich mich, daß er immer aufrecht stehen blieb, während ich mich meistens an seiner Hand verbeugen durfte: »Herr Krauß, jetzt muß ich Sie schon wieder etwas fragen: Warum verbeugen Sie sich nicht?«

Da hat er mir diese Geschichte erzählt: Er spielte den John Gabriel Borkmann in Ibsens gleichnamigem Stück. Im ersten Akt hörte man nur, wie Borkmann in seinem Zimmer umhergeht. Und unten die Weiber. Die schauen immer hinauf. Der erste Akt war fast zu Ende, man hörte leises Klavierspiel, und dann versank die ganze Dekoration in der Unterbühne, und Borkmann erschien. Es war eine große Aufführung, sofort fand ein Gastspiel in Berlin statt. Die Thimig und die Dorsch hatten ihre Szene, der Krauß tritt auf, und aus dem Zuschauerraum fliegen Steine. Die Vorstellung wurde unterbrochen. Helene Thimig trat vor den Vorhang im Theater am Kurfürstendamm und sagte: »Meine Damen und Herren, Herr Werner Krauß war ein Lieblingsschauspieler meines Mannes Max Reinhardt. Im Angedenken an Max Reinhardt bitte ich Sie jetzt, diese Vorstellung zu Ende gehen zu lassen, ohne zu stören.« Großer Applaus.

Und der Krauß erzählte: »Am Schluß haben sie gejubelt. Gejubelt. Menschen, die mich steinigen wollten und dann jubeln – vor denen kann ich mich nicht verbeugen, das werden Sie ja wohl verstehen, oder nicht?«

Krauß war ein instinktvoller, intuitiver Mann, ein Magier. Er war klug, und er war wie ein Kind. Er hatte Einfälle, die von einer sensationellen Intuition waren: »Schauen Sie, lieber Schmidinger, ich war doch drei Jahre auf der Schmiere bei Tusnelda Schmidt. Eine herrliche Frau. Wir hatten ja jeden dritten oder vierten Tag eine Premiere, nicht wahr. Wir mußten doch Stücke anbieten in den Gasthäusern. Und vor lauter Saufen und Vögeln sind wir gar nicht dazu gekommen, den Text zu lernen. Wann denn? Und so haben wir uns im Wirtshaus die Handlung verabredet. – Also du erzählst vom Begräbnis. Bei dem Satz mit der Kranzschleife übernehme ich den Bericht, wie häßlich die Kränze waren. Du unterbrichst mich dauernd, das geht mir auf den Wecker, und so weiter.« Sie haben also die Handlung mit improvisierten Texten nachgespielt. Dazu kam aber, daß er sagte: »Es mußte uns natürlich etwas einfallen, daß wir auffallen. Es mußte irgend etwas Tolles sein, daß man auffiel. Man kann das nicht so runterspielen, da langweilen sich die Leute ja zu Tode.«

Sie haben für ein Abendessen und ein Lager im Stroh oder im Bett und für das, was sie auf dem Teller gesammelt haben, gespielt.

Ich ging zu ihm und sagte: »Herr Krauß, ich brauche Sie dringend. Dem Regisseur fällt ja wieder gar nichts ein. Sie haben als Theodor Maske in dem berühmten Film *Die Hose* mitgespielt, in dem Jenny Jugo die Luise Maske spielte. Wie kann ich an Mandelstam herangehen?«

»Frau Maske hat ihre Hose verloren, und da müssen Sie auf den Schoß gucken, ihre Augen sind uninteressant. Weil Sie jung sind, müssen Sie husten und immer dahin gucken, wo Ihre Sehnsucht hinstrahlt. Für Ihre Replik: ›Richard Wagner, das Ideal der Menschheit‹ – nehmen Sie eine Büste mit, über der ein Tischtuch liegt. Wenn Sie dann sagen: ›Wagner, das Ideal der Menschheit‹, nehmen Sie das Tuch runter, und drunter ist Herr Schiller, eine Schillerbüste – verstehen Sie? Das kommt immer an. Und wenn Sie von Ihren Eltern erzählen, müssen Sie sofort Photos herausholen. Das tun die Leute dauernd. Die belästigen einen mit Photos, daß es furchtbar ist. Zum Schluß machen Sie einen Abgangsapplaus. Den müssen Sie aber üben, sonst hat das gar keinen Sinn. Sie haben die linke Hand in der Tasche, in der rechten Ihre Mappe. Manchmal zeichnen Sie, dann sind Sie Künstler und kein Friseur. Und dann muß in Höhe Ihres Kopfes ein waagerechter Holzbalken sein, da hängt die Melone. Die müssen Sie so präparieren und das so üben, daß Sie die Melone im Gehen mit dem Kopf mitnehmen und damit fortgehen.«

Ich hatte einen Abgangsapplaus, wie man ihn sich nicht vorstellen kann. Allerdings hat dann unser Chefdramaturg gesagt: »Daß Sie sich nicht schämen!« – »Schämen? Ich? Haben muß man den Applaus, sonst gar nichts.«

Krauß erzählte: »Ich habe ein Stück gespielt mit einem schlechten Stückschluß. Ich habe meine Frau in flagranti mit ihrem Liebhaber erwischt, im Schlafzimmer, und mußte sagen: ›Ich bin der Mann!‹ Das ist witzlos. Das ist kein Stückschluß, das ist gar nichts. Da habe ich mir eine Hose machen lassen – wenn ich den Bauch rausgestreckt habe, hat die Hose gepaßt, und wenn ich gesagt habe: ›Ich bin der Mann‹, habe ich den Bauch eingezogen – langsam ist die Hose runtergerutscht. Das war ein Schluß!«

Und so saß ich da, und fragte ihn: »Sind Ihnen alle Wünsche in Erfüllung gegangen?«

»Alle Wünsche? Nein. Der Reinhardt hat mir den Nathan den Weisen nicht gegeben. Ich wollte das spielen wie ein orientalisches Märchen. Das hat er mir nicht gegeben. Er hatte immer gesagt: Sie sind der beste Derwisch – und das hieß etwas, denn er spielte auch den Derwisch.«

Sonst sei ihm alles in Erfüllung gegangen. Das Wichtigste sei für ihn gewesen, daß er als Schauspieler vor seiner Mutter bestanden habe: Er ist zu ihr gefahren, hat sich geschminkt, geklopft und gesagt: »Guten Tag! Ich bin ein Freund von Ihrem Sohn, ist der Werner da?« – »Nein, der Werner ist leider nicht hier, der kommt erst in einer Woche.« – »Oh, dann Entschuldigen Sie mich.« Das war für ihn die Berechtigung, Schauspieler zu werden.

Natürlich hat er auch Gänge probiert: »Das gibt es nicht, daß jeder Mensch auf gleiche Art und Weise geht oder die gleiche Gestik hat.«

Wenn er eine Geste gemacht hat, dann saß sie. So wie Bob Wilson beeindruckt ist, daß die Callas, bevor sie eine tragische Arie beginnt, immer die Hand ans Herz legt. Oder Marlene Dietrich, die ganz ruhig steht und in einem gewissen Moment, bei einem bestimmten Ton oder Wort, eine Geste macht. Mit den Jahren sind Details abhanden gekommen, die vielleicht nicht das Wichtigste am Theaterspielen sind, aber wesentlich für die Aura von Schauspielern waren.

Spielen wie Werner Krauss

Ich fragte Krauß: »Wie haben Sie den Wallenstein gespielt, wie den Michael Kramer?«

Er hat's mir vorgespielt und erzählt. Einmal fragte er mich:

»Warum fragen Sie das alles?« – »Vielleicht spiele ich einmal Ihr Fach!«

Da hat er gelacht. Später habe ich den Malvolio in *Was ihr wollt* so gespielt, wie ich es von Krauß in Erinnerung hatte. Er war ein Genie. Und ich habe immer überlegt: Wie kommt es dazu, daß Krauß diese Stelle auf eine bestimmte Art und Weise spielt. Dadurch, daß man sie genau durchdenkt, begreift man sehr viel von der Figur. Das war keine Kopie, sondern eine aus der Erinnerung geborene Art, Theater zu spielen. Es konnte keine Kopie sein, so gescheit war ich schon, daß ich wußte, daß ich nicht Krauß bin.

Jahre später schrieb Friedrich Luft über meinen Michael Kramer am Schiller-Theater: »Eine wunderbare Leistung, sie erinnert mich an Werner Krauß.« Da habe ich Friedrich Luft angerufen und gesagt: »Es freut mich, daß Sie das an Krauß erinnert. Aber ich gestehe Ihnen, das hat er mir alles vor zwanzig Jahren vorgespielt. Das habe ich mir gemerkt.«

»Herr Schmidinger, ich habe oft den Krauß als Michael Kramer gesehen. Eines haben Sie nicht gemacht, Sie haben die Streichholzschachtel nicht genommen. Die nahm er und hat geprüft, ob noch Streichhölzer drin sind. Dann hat er damit die Kerzen angezündet, die um den Leichnam seines Sohnes standen, und die Streichhölzer so lange brennen lassen, bis er sich die Fingerkuppen verbrannt hat. So sah man den Geiz der Figur.« – »Herr Luft, das mache ich gleich heute Abend.« – »Dann gehe ich heute Abend noch einmal hinein.«

Am Schluß der Vorstellung kam der Regieassistent und sagte: »Es war eine sehr gute Vorstellung, aber wer soll verstehen, was du mit der Streichholzschachtel machst – und warum du das machst?« – »Das sage ich nicht. Das sage ich nicht!«

Aber Krauß' wahre Kunst habe ich erst begriffen, als ich andere Schauspieler in den gleichen Rollen sah.

Ich habe ihn nach *Wallenstein* gefragt: »Was haben Sie in *Wallenstein* gemacht?« – »Gar nichts. Ich habe den ganzen Abend nach den Sternen geschaut, auch wenn ich im Zimmer war. Immer auf die Sterne. «

Als Mechelke in Hauptmanns *Ratten* mußte er nach dem Mord an der Piperkarcka einen Fliederzweig mitbringen. Er erzählte mir: »Da habe ich einen ganzen Fliederstrauch geklaut, der nicht durch die Tür ging, weil er so groß war. Da ist die Straub gleich erschrocken, wie ich mit dem Baum kam.«

Krauß konnte in einem Detail eine Figur erzählen wie sonst nur die Giehse.

Das erhoffe ich mir für jede Rolle – es muß dir ein Zeichen einfallen. Ob das der Fliederstrauch ist, der den übermäßigen Wahnsinn ausdrückt, oder wie die Giehse mit dem Strickzeug umgeht.

GORVIN – KRAUSS – WELITSCH

Joana Maria Gorvin hieß eigentlich Maria Gerda Glückselig und kam aus Hermannstadt in Siebenbürgen. Sie wuchs mehrsprachig auf, ihr Deutsch war ursprünglich durch einen siebenbürgischen Dialekt geprägt. Ich habe immer Menschen bewundert, deren Muttersprache nicht Deutsch ist, die aber die deutsche Sprache mit besonderer Liebe, Behutsamkeit behandeln und mit einer besonderen Musikalität sprechen. Dazu gehören auch Alexander Moissi, der aus Triest kam, die Bergner aus Galizien, aber auch die Bulgarin Ljuba Welitsch. Eine ähnliche Qualität haben Dialekte: Bernhard Minetti und Ernst Busch aus Kiel, die Hoppe aus Mecklenburg und Edith Clever aus Wuppertal, diese Schauspieler konnten ihre verschiedenen Sprachlandmelodien produktiv für ihre Arbeit machen.

Die Gorvin begrüßte mich auf der zweiten Probe *Wie es euch gefällt* mit: »Guten Morgen, Loisl.« – »Ich heiße Walter. Warum sagen Sie ›Loisl‹?« – »Das paßt so gut zu Ihrem österreichischen Dialekt.« – »Aha.« – »Wenn Sie wollen, nenne ich Sie Loysl mit Ypsilon.«

Immer wenn sie mir schrieb, schrieb sie: Lieber Loysl mit Ypsilon. Die Gorvin war eine Spracherfinderin. Sie hat die deutschen Sprachregeln bewußt mißachtet. Es heißt: Der Bischof, aber sie sagte der Bieschof, es heißt Rebhuhn, sie sagte Reeebhuhn. Sie veränderte mit einer großen Sensibilität diese Worte. Als Porzia trat sie, verkleidet als Rechtsanwalt, im Gericht auf und sagte: »Es ist so in Venedik«. Ich frage: »Wieso sagen Sie jetzt ›Venedik‹ [Venedick], wo die ganze Welt weiß, es heißt ›Venedig‹ [Venedich]. Das ig wird gesprochen wie in König‹.« – »Ach wissen Sie, Loysl, es ist mir zu weich – Venedik war im 16. Jahrhundert ein Bollwerk gegen Gefahren, die von außen kamen. Die größte Handelszone. Ich kann da nicht ›Venedig‹ sagen. Und wenn wir schon gezwungen sind, die ›Königin‹ zu sagen, so ist mir der ›König‹ zu weich. Ein Könik [Könick] hat eine andere Kraft als ein König [Könich].«

Etwas anderes kam noch hinzu: In Gründgens' Staatstheater war mit Hermine Körner, Maria Koppenhöfer, Käthe Gold, Marianne Hoppe, der jungen Gorvin und Käthe Dorsch ein Ensemble versammelt, das für Kammerkonzerte verschiedener Stimmen geradezu prädestiniert war. Wie vorher bei Reinhardt die Bergner, Gertrud Eysoldt, Helene Thimig, Agnes Straub. Natürlich hat jede dieser großen Schauspielerinnen ihre eigene Violine gestimmt, um sich von den anderen abzuheben oder einen Kontrast zu bilden. Das wurde mit Akribie und mit hoher Intelligenz gepflegt. Jede wußte, welche Stimmlage, welche Art von Interpunktion in der Sprache, welcher Rhythmus, welches Singen, welches Sagen, welche Loreley am meisten becirct. Daß dies hocherotisch war, eine Sache der Sinnlichkeit und Sinneslust, das muß gar nicht erwähnt werden.

Im Laufe der letzten dreißig Jahre hat sich meine Stimme mit dem Alter, mit den Aufgaben, mit der Erfahrung, mit dem Nachdenken darüber, wie etwas zu interpretieren ist, verändert.

Ich glaube, daß der Manierismus dort beginnt, wo dem Zuhörer bewußt wird, daß der Sprechende nicht wirklich auf das, was er liest oder spricht, konzentriert ist und er nicht seine Gefühle, seine Seele und seinen Geist, nicht alle fünf Sinne beisammen hat. Der Schauspieler muß sich auf ein technisches Gerüst konzentrieren. Wenn aber alles auf das technische Gerüst reduziert ist, kann es passieren, daß man den Manierismus spürt. Die Sprachführung verselbständigt sich plötzlich. Dann liefern wir nur die Form, das Notengerüst einer Partitur ab und nicht die Musik. In einer Kritik über Fritzi Massary als Madame Pompadour steht: Die Noten sind von Leo Fall, die Musik ist von Fritzi Massary. Die Massary war in höchster Virtuosität sicherlich das Manierierteste, was ich je gehört habe. Aber das Manierierte war so sinnlich, daß man sich darin verliebt und verhört hat.

Es geht darum, daß man auch in den größten Lautstärken und den extremsten Spannungen innerhalb einer Inszenierung die eigene Stimme nicht verläßt. Auf dieser Stimme muß man aufbauen. Werner Krauß hat die Lautstärke gespielt, er hat suggeriert, daß er lauter wird. Er hatte eine Technik, immer schneller zu sprechen, dadurch entstand der Eindruck der Steigerung. Er ist trotzdem immer bei sich geblieben. Er erzählte, daß er in seiner Jugend ohne Ausbildung seiner Sprache und Stimme Schreie ausgestoßen hat »wie eine Schwangere, die unter die Elektrische kommt«. Nach den vielen Jahren der Schmiere kam er zu Max Reinhardt. Bei einer Rolle wurde er immer wieder heiser. Da ging er zu einem Hals-Nasen-Ohren-Arzt, der ihm sagte: »Sie sprechen für Ihre Stimmbänder eine Oktave zu hoch. So werden Sie immer wieder heiser sein.« Er hat in vielen Stummfilmen gespielt, unter anderem in *Das Kabinett des Doktor Caligari*. In diesen Stummfilmen haben die Scheinwerfer ein gewisses Geräusch gemacht, das war genau die Oktave tiefer. Das hat er aufgenommen, das hat er geübt. Fred Liewehr, klassischer Held des Burgtheaters, hat mit mir an der Schlußrede des Mercutio aus *Romeo und Julia* gearbeitet. Dabei hat er immer wieder betont, daß man das auf einen Atem zusammenziehen muß: »Wenn du das nicht schaffst, geht das auf Kosten der Stimmbänder.«

Einmal sagte Liewehr, der sehr gut singen konnte: »Wenn ihr einen Punkt erreicht, wo das Volumen nicht ausreicht, müßt ihr euch besinnen, in einen anderen Atem übergehen und die schwierigen hohen Töne singen.«

Josef Kainz zum Beispiel hat gesungen wie Pavarotti. Es hängt auch von der Brustresonanz ab. Nicht umsonst hat ein Kritiker über *Alte Meister* am Deutschen Theater geschrieben: »Walter Schmidinger singt Thomas Bernhard. Hoffentlich wird es mal eine Partitur geben, die festhält, wie er das singt.« Ich bin der einzige in der Aufführung, der völlig unnatürlich spricht. Völlig unnatürlich! Klaus Piontek hatte eine bestimmte Diktion, ein reines Hochdeutsch, gepaart mit Intelligenz. Piontek sprach eine ganz knappe, ganz eigene Melodie, die überhaupt nicht zu meiner Sprachbehandlung paßte. Dietrich Körner spielte noch ein bißchen mit der Stimme des großen Helden des Königsberger Theaters, was für ihn wunderbar paßte.

Wenn man im Laufe seines Lebens viel übt, kann man das Geübte eines Tages als Waffe der Verführung auf der Bühne einsetzen. Wir haben die großen Dichter und die Möglichkeit, sie zu präsentieren, das ist unser Kapital. Indem wir dem Dichter dienen, dienen wir uns. Und vor allem dem Zuschauer, dem wir das vermitteln. Der Liewehr hat uns Schülern damals gesagt: »Nachdem Romeo erfährt, daß Julia tot ist, sagt er: ›Ihr habt mich betrogen, Sterne‹«. Da hat Liewehr sich als junger Schauspieler eingebildet, daß er sagen muß: Ihr habt mich betrogen Sterneeeeeee.« Er konnte es nur ausdrücken, indem er mit einem ganz hohen Ton sang.

Natürlich verändert sich das Sprachbewußtsein von Generation zu Generation. Nach meinem dreißigsten Lebensjahr hat die jüngere Regie-Generation angefangen, Pathos abzulehnen. Das hängt natürlich mit 1968 zusammen. Dieser Generation kamen die Schauspieler, die ich noch verehrt, teils vergöttert habe, suspekt vor, weil sie das Gefühl hatte, so redet kein Mensch.

Krauß brachte eine Schallplatte mit einer Szene von Moissi aus Tolstois Stück *Der lebende Leichnam* mit, wo die Zigeunerin Mascha ihm sagt, sie wird ihn wieder lieben, wenn er aufhört zu trinken. Dann verläßt sie ihn. Und Moissi sitzt allein in der Kneipe und sagt: »Ich trinke weiter …« Das sagte er in einem Singsang. Ich bin sicher, daß die Leute besoffen wurden, wenn er das so sprach. Davon hat sich Krauß abgesetzt.

Wenn die Kunst der Gorvin, ihr Melos, Timbre, ihre Intelligenz, traf, glaubte man sich in einem Paradies der Sprache. Wenn die Gorvin den Gnadenmonolog aus dem *Kaufmann von Venedig* sprach, war das wie eine Muschel, in der eine Stimme erklingt. Natürlich gab es auch Abende, an denen von dem, was sie wollte, lediglich das Konzept durchschien.

1951 prangte auf dem »Wiener Kurier« ein Titelphoto: Ljuba Welitsch als Salomé an der Metropolitan Opera in New York! 1000 Dollar pro Abend. Diese Frau war eine Legende. Ich sah sie zum ersten Mal in der Operette *Judita*.

Sie war eine Frau, die aussah, als wäre sie einem Gemälde von Rubens entstiegen, mit einer Fülle von Formen, aber wohlproportioniert. Sie hatte brandrote Haare, einen blassen Teint und eine Haut wie Alabaster – und diesen wunderschönen Mund. Wir Schüler vom Reinhardt-Seminar wußten, Ljuba Welitsch ist eine große Liebende, es kursierten viele Geschichten über sie.

Für mich war der zweite Akt entscheidend, der in einer Bar in Casablanca spielt. Sie stand auf einem Tamburin, oben drehte sich ein Ventilator, sie trug ein schwarzweiß gestreiftes Kleid und sang den ersten Satz: »Ich weiß noch nicht, was Liebe ist...« Sie hat dieses Piano im Rhythmus gedehnt, außergewöhnlich. Alle, die mit mir auf dem Balkon der Oper standen, haben sich ungläubig mit dem Ellenbogen angestoßen, ihnen ging es wie mir, sie dachten: Sie weiß wirklich nicht, was Liebe ist. Nun kam der Satz: »Meine Lippen, die küssen so heiß, meine Glieder sind schmiegsam und weiß, in den Sternen, da steht es geschrieben, du sollst küssen, du sollst lieben ...«, und dann ging das in die höchsten Höhen, und ich dachte: Jetzt weiß ich, was Sprache und Stimme ist, jetzt habe ich eine Ahnung, wie ein Gefühl eine Form findet, die den Zuhörenden berühren kann.

PSYCHIATRIE IN WUNSTORF

Am Tag nach Fehlings 75. Geburtstag, 1960, fuhr ich mit dem Taxi von Hamburg nach Iserlohn. Ich hatte kein Geld; in Hameln brachte mich der Taxifahrer zur Polizei und ich wurde eingesperrt. Ich habe die Zellentür eingetreten. Daraufhin wurde ich in die Psychiatrie nach Wunstorf eingewiesen, wo ich acht Monate blieb. Das war eine wichtige Zeit, weil ich mich wieder Menschen zuwandte und nicht mit dem Theater beschäftigt war. Plötzlich hatte ich Zeit nachzudenken. Ich beschäftigte mich mehr mit dem Schicksal des Patienten neben mir als mit meinem eigenen: Kranke, Einsame, Ausgestoßene, die sich in der Klapsmühle befanden, weil sie unbequem für die Gesellschaft waren. Ich habe wunderbare Menschen erlebt, die viel Leid erfahren hatten und denen das Leben nicht gut gesinnt war, die von allen guten Geistern und allen Menschen verlassen waren, die dennoch in dieser Nervenheilanstalt Geborgenheit gefunden hatten. Nicht nur in der Arbeitstherapie, bei dem guten Essen, der Möglichkeit spazierenzugehen, sondern auch in der medizinischen Betreuung. Diese Menschen konnten mir etwas von einem Leben erzählen, das ich als Schauspieler eigentlich nicht kannte.

Es gab dort zum Beispiel einen jungen Mann, der nach zwei Kästen Bier und zwei Flaschen Kognak seine Frau erschlagen hatte. Ein gerichtsmedizinisches Gutachten mußte angefertigt werden, wofür diesem jungen Mann noch einmal genausoviel Alkohol eingeflößt wurde. Die Mediziner haben seine Reaktionen beobachtet. Es gab eine furchtbare Szene, wie er mit blutigen Händen und Fäusten unter der Aufsicht der Gerichtsmediziner gegen die Eisenpfeiler schlug.

Natürlich erfährt man auch, daß man dem Leben ausgesetzt ist. Ohne Freunde, abgeschnitten von der Welt, vom Beruf. Der einzige, der meine Adresse herausbekam, war Pempelfort. Er schickte eine Schuhschachtel mit zehn Reclam-Heften, eine Pfeife mit Pfeifentabak und einen Brief: Wann kommst du?

Alle Therapieversuche, meine endogene Depression zu behandeln, schlugen fehl. Schließlich sollte ich einer Elektroschocktherapie zustimmen. Dagegen habe ich mich zuerst gewehrt, vor allem weil ich Artauds Fall kannte, dessen Kreativität nach den Elektroschocks erloschen war. Allerdings hatte man zu Artauds Zeit noch nicht die Möglichkeit, die Stärke der Stromstöße zu steuern.

Aber nach sechs Monaten Psychiatrie konnte ich die Beiträge für die Krankenkasse nicht mehr zahlen, weil ich praktisch mittellos war. Hinzu kam, daß Boleslaw Barlog einen Zweijahresvertrag, den ich mit dem Schiller-Theater hatte, kündigte, weil ich ihn nicht termingemäß angetreten habe. Da habe ich mich dieser Therapie unterzogen, und nach sechs Wochen war ich aus der Psychiatrie entlassen. Die Depression war weg. Ich fuhr nach Düsseldorf, wo ich eine Schlafstelle in einem Arbeiterheim fand. Danach habe ich bei Nicole Heesters gewohnt.

1960; ZWEITES BONNER ENGAGEMENT

Das Vorsprechen bei Kortner hatte Stroux verletzt, weil ich zu Verstehen gegeben hatte, daß ich in Kortner jemand sah, der mein Talent zu den höchsten Höhen bringen könnte. Es war eine ungeheure Anstrengung für mich gewesen, den bedeutenden Schauspielern das Wasser zu reichen, eine Anstrengung, die man ohne Schaden nicht übersteht. Ich war nach den ersten Erfolgen größenwahnsinnig, nicht mehr zu steuern und in meinen Forderungen nach Rollen, Regisseuren und Partnern immer anspruchsvoller, immer unverschämter geworden. Es konnte mich rasend machen, wenn ein anderer den Franz Moor spielt und ich nur den Spiegelberg. Ich hatte, geprägt durch die Äußerung der Thimig – »Vergessen Sie nie Ihre Maßstäbe« –, begonnen, für mich selbst eine Hierarchie herzustellen. Nach dieser Hierarchie habe ich, bis auf einige wirkliche Größen, alle grauenvoll behandelt, auch Bernhard Minetti.

Meine Ansprüche meldete ich manchmal auf eine sehr eigenwillige Weise an. Ich hatte einen Kollegen, den ich nicht leiden konnte, weil er so ein schlechter Schauspieler war. Der hatte einen großen Monolog, und ich bin auf die Beleuchterbrücke gegangen und habe runtergepißt, weil ich dachte, mehr verdient er nicht.

Maria Wimmer, eine große Schauspielerin, erhielt den Louise-Dumont-Goldtopas als Nachfolgerin von Hermine Körner. Sie war in einer Vorstellung, bei der Hermine Körner spielte, und trug diesen Topas an einem Halsband. Anschließend traf ich sie an der Pforte, wo sie auf ihr Taxi wartete. Ich fragte sie: »Wie finden Sie die Hermine Körner?« – »Eine so große Schauspielerin zu sein wie Hermine Körner –« – »Ja, das wäre schön.«

Sie stammelte etwa zehnmal hintereinander: »Lümmel, Lümmel, Lümmel…«

Stroux hatte es also nicht einfach mit mir gehabt. Nach dreieinhalb Jahren, mein Vertrag war gerade auf sechs Jahre verlängert, war ich mit Stroux saufen und sagte: »Ich möchte auf Tournee gehen.« – »Wenn du gehst, dann brauchst du nicht mehr zurückzukommen.« – »Geben Sie mir das schriftlich!« – »Ja, morgen, neun Uhr im Büro.«

Die Vertragsauflösung lag auf dem Tisch, ich ging auf Tournee und kam auf den Boden der Tatsachen zurück. Heute kann ich verstehen, daß Stroux mich nicht wieder in sein Ensemble aufnehmen wollte.

Aber Pempelfort machte mir ein Angebot. Das zweite Bonner Engagement dauerte neun Jahre. Ich habe alles gespielt,

Richard II. in König Richard II.
Regie Karl Pempelfort, Bühnen der Stadt Bonn 1961
Photo Stadtarchiv Bonn

was gut und teuer ist. Fast jedes Jahr ein Stück von Shakespeare, eine Komödie und eine Tragödie. Jedes Jahr eine Operette und andere für mich wichtige Stücke, die nur kurz gelaufen sind, zum Beispiel sechs- oder siebenmal *Der König stirbt* von Ionesco, oder im Großen Haus *Das Herrenhaus* von Thomas Wolfe und *Der Renegat* von Karl Theodor Breithaupt. Wir spielten Uraufführungen, deutsche Erstaufführungen, die die größeren Theater nicht wollten, auch in der Hoffnung, daß irgendwann einmal die überregionale Presse zu einer deutschen Erstaufführung nach Bonn kommen würde, also auch das »Essener Tageblatt«. Es war eine wunderbare Zeit. Karl Pempelfort war der Intendant und Regisseur, Anton Krilla, der bei Hans Schalla in Bochum Oberspielleiter war, erster Regisseur, außerdem Josef Eschenbrücher und einige junge Gäste.

Während eines Publikumsgesprächs bei den Salzburger Festspielen fragte mich Peter Stein nach meinen Regisseuren. Ich antwortete, daß ich nicht das Glück hatte, kontinuierlich unter, wenn man das so nennen will, ersten Regisseuren zu spielen.

Eine Konstellation wie an der Schaubühne mit Stein, Bondy, Grüber, Wilson habe ich nicht erleben können, dafür habe ich mit vielen sogenannten unbekannten Regisseuren gearbeitet, die ihr Handwerk mit Bildung und Intelligenz zu verbinden wußten und bereit waren und sich verpflichtet fühlten, ein Stück zur Wirkung zu bringen durch das Talent ihrer Schauspieler. Diese Regisseure waren sehr wichtig für mich, obwohl viele Namen heute vergessen sind.

Ich bin mit dem Ende der Ära Pempelfort gegangen, als er sagte: »Junge, es wäre schön, wenn du mit mir gingst.« – Das habe ich getan. Man muß wissen, wann man weggeht, ein Gefühl entwickeln, wann eine Ära, oder auch ein Lebensabschnitt aufhört, und einen klaren Schnitt machen. Ich habe später den Fehler gemacht, daß ich bei Frank Baumbauer geblieben bin, obwohl auch Kurt Meisel in München meinte, ich sollte gehen.

1965; BREMEN – ZADEK

1963 kam ein junger Regisseur aus Bremen nach Bonn: Rolf Becker. Ich sollte in Calieróns *Dame Kobold* spielen. Ich sagte: »Ich bin in tiefer Depression, das geht nicht.« – »Das mußt du nutzen.«

Später fragte er mich, ob ich nicht nach Bremen kommen wolle. Es gebe dort mit Kurt Hübner, Peter Zadek und Peter Palitzsch gute Regisseure. Da dachte ich mir, wenn Zadek mich besetzt, stehe ich in »Theater heute«. Ich fuhr nach Bremen. Zadek war der einzige Schauspieldirektor, der mich je vom Bahnhof abgeholt hat. Er stand dort mit einem riesigen amerikanischen Cabriolet, das hat mich beeindruckt. Wie auch die ersten Aufführungen, die ich von ihm gesehen habe, grandios waren.

Die allererste Rolle spielte ich in Rolf Beckers Schisgal-Inszenierung *Liiiebe*. Mit Jutta Lampe hatte ich einen Zauber von Partnerin. Für Jutta Lampe, Karl Friedrich und mich wurde diese Aufführung in den Kammerspielen in der Böttcherstraße ein großer Riesenerfolg.

Zu einer der Proben kam Zadek und hielt Kritik. Es war sehr präzise und sehr anregend, was er zu den Figuren und dem Stück gesagt hat. Mich hat er über alle Maßen gelobt, wie ich die Liebe spielte, dann hielt er inne, und sagte: »Wenn ich jetzt noch spüren würde, daß du diese Frau liebst, dann wäre ich dir unheimlich dankbar.« Daraufhin habe ich in der Nacht die ganze Rolle umgestellt und Jutta Lampe am näch-

LIIIEBE · KOMÖDIE VON MURRAY SCHISGAL

Deutsch von Rudolf Stoiber

Inszenierung: Rolf Becker   Bühnenbild und Kostüme: Klaus Gelhaar

Harry Berlin . . . . Walter Schmidinger
Milt Manville . . . . Karl Friedrich
Ellen Manville . . . . Jutta Lampe

Pause nach dem 1. Akt

Technische Leitung: Karl Kronberg · Beleuchtung: Hermann Burmeister · Kostümausführung: Ludwig
Badziong · Masken: Johann Kettner · Ton: Dieter Behne / Welf Ankenbrand · Regieassistent: Martin
Sperr — Inspektion: Wolfgang Löwe — Souffleuse: Hanna Larsen

Harry Berlin (mit Karl Friedrich) in Liiiebe
Regie Rolf Becker, Theater der Hansestadt Bremen 1965

sten Morgen überrascht und wohl auch irritiert. Aber es ging gut.

Dann drehten wir einen Film, *Eiszeit* von Tankred Dorst. Und ich spielte eine Uraufführung, *Die Unberatenen* von Thomas Valentin, unter Zadeks Regie. Zadek ist ein phänomenaler Psychologe, der den Schauspieler, so wie er ist, in die zu spielende Rolle hineinführt. Er konnte sehr gut zuhören, und seine große Kunst bestand im Zuschauen und im Auswählen der Details. Ihm ging es stets um eine Unmittelbarkeit, die nach den Improvisationen schwer wiederherzustellen war.

Er hatte einen unglaublichen Humor und ein Gespür für Effekte, Nuancen und Skandale. Er arbeitete mit den Mitteln der Erotik, des Schreckens: Wie die ermordete Desdemona nackt über die Mauer geworfen wurde, das war ein grausames und deshalb einprägsames Bild.

Er konnte in erster Linie die Phantasie des Schauspielers wecken. Er ließ improvisieren. Wenn eine Improvisation ohne Text stattfindet, dann versucht der Schauspieler, Vorgänge oder Details zu finden, die wirkungsvoll sind.

Zadek schaut genau zu und hört genau hin. Alles, was auf der Probe passiert, benutzt er. Mir fiel mal eine Illustrierte, die ich lesen sollte, aus der Hand. – »Bitte, das bleibt.« Diese Zufälligkeiten mußte der Schauspieler dann künstlich wiederherstellen, was extrem schwierig, wenn auch reizvoll ist. Dabei ist ihm bei *Othello* etwas wirklich Außergewöhnliches gelungen. Als sich Eva Mattes und Ulrich Wildgruber aus ihrer Umarmung lösten, hatte sie wegen seines schwitzenden Körpers plötzlich schwarze Hände, und er hatte weiße Hände auf seinem Rücken. Das hätte Zadek ändern können, aber das blieb. Darüber schrieb die Kritik Doktorarbeiten, und das Publikum wurde wach. Das war Zadeks Qualität.

Was ich an ihm schätze: daß er ein Regisseur ist, der nie gekränkt und beleidigt ist. Er akzeptiert die Schwierigkeiten des Schauspielers, seine psychologischen Macken, er benutzt sie. Dadurch fühlt man sich geliebt. Zudem ist er sehr treu.

Es war eine aufregende Zeit: Ich hatte von Zadek Brendan Behans Stück *Die Geisel,* Wedekinds *Frühlings Erwachen* und Schillers *Räuber* gesehen – das war zum Teil völlig verrückt, völlig jenseits der Konvention oder des traditionellen Bewußtseins. Es war wie außergewöhnliches Studententheater, es war so alarmierend, so jung. Natürlich auch maßgeblich beeinflußt von der Pop-art, nicht zuletzt durch die Bühnenbilder von Wilfried Minks. Es hatte eine ungeheure, manchmal verstörende Kraft.

Frühlings Erwachen befreite er von jedem Naturalismus, von jedem Realismus, was durch die Bühnenbilder von Wilfried Minks mit ihrer ungeheuren Phantasie noch verstärkt wurde. Es war erfrischend, belebend und kreativ, verglichen mit dem Theater, das zu der Zeit von der Generation der Sechzigjährigen gemacht wurde.

Das Frappierende an Zadek war, daß er so viele Stile bedienen konnte, die er scheinbar aus dem Handgelenk schüttelte.

Die Schauspieler waren unverwechselbar. Die Clever spielte 1965 in Zadeks Inszenierung von Thomas Valentins Roman *Die Unberatenen* eine Schülerin, die in der Schulpause mit einem Strohhalm aus einer Kakaotüte trinkt und ihn dann in die Luft spuckt. Daran kann ich mich noch nach fast vierzig Jahren erinnern. Es gab in der Zeit Menschen, die das Außergewöhnliche, das Unverwechselbare in diesen Schauspielern erkannten und vor allem die Schauspieler fördern wollten.

Ich kenne viele Schauspieler, deren Wesentlichstes nicht erkannt wurde, die nicht im richtigen Moment an die richtigen Menschen geraten sind und deren Talent unentdeckt blieb. In

Heidelberg kann eine Duse sitzen, aber sie wird nicht entdeckt.

Mein ganzes Leben besteht in Gnade. Gnade heißt für mich im tieferen, religiösen Sinne, daß Gott dich in einen Zustand des außergewöhnlichen, besonderen Lebens erwählt hat. Er beschenkt dich mit einer Gnade, die darin besteht, daß die Begegnungen richtig gelenkt sind. Ich weiß, daß ich, so wie ich gebaut bin, ohne die Begegnung mit den außergewöhnlichen Menschen wahrscheinlich auf ganz furchtbare Weise untergegangen wäre. Aber mein größtes Talent ist vielleicht – bewundern zu können.

Als die Thimig fragte: »Wollen Sie Karriere machen oder wollen Sie Schauspieler werden?«, wußte ich schon, ich brauche nichts als eine Traumrolle, ein volles Haus natürlich und so viel Geld, daß ich nach der Vorstellung Bier saufen kann und zweimal im Jahr eine Hose, Schuhe, Bücher und Blumen für eine Freundin oder einen Freund kaufen kann – wo, das war mir völlig gleich. Obwohl ich natürlich gleichzeitig von einer Karriere besessen war, auch von Größenwahn. Beides, der Größenwahn und die Karrieresucht, waren eine Schutzmaßnahme. Erst später habe ich erkannt, daß ich dahinter meine Angst verbarg. Denn würde ich die zeigen, könnte dies mißbraucht werden.

PETER STEIN

Die Wege des Lebens, des Schicksals sind vorgegeben: Stein kommt nach Bremen und sieht Edith Clever, Michael König, Jutta Lampe und Bruno Ganz und weiß: Mit den vieren baue ich mein Theater auf. Er weiß es.

Ich hatte gleich meinen ersten Krach mit ihm. Nach *Kabale und Liebe* inszenierte Stein 1969 in Bremen *Torquato Tasso*, und Bruno Ganz wollte, daß wir zusammen spielen. Peter Stein rief mich an an: »Ich biete dir den Antonio in *Tasso* an.« – »Entschuldige bitte, Peter, die Rolle verstehe ich nicht.« – »Ja, da ist ja nichts zu verstehen.« – »Könntest du dir nicht vorstellen, daß ich den Herzog spiele im *Tasso*?« – »Gib doch zu, daß du den Tasso spielen willst, das ist doch ganz klar. Was redest du hier rum? « – »Du, ich werde dir jetzt etwas sagen. Es steht in jeder Zeitung, daß ihn der Bruno spielt. Und selbst wenn ich ihn spielen wollte, hast du jetzt unrecht. Ich habe es schon dreimal abgelehnt, Tasso zu spielen, weil ich das nicht kann.«

Da hat Stein gesagt, dann lassen wir es eben bleiben. Später sehe ich *Tasso* an der Berliner Schaubühne am Halleschen Ufer. Ich bin in diese hochgelobte Aufführung mit großen Erwartungen hineingegangen, die nur enttäuscht werden konnten. Nach der Vorstellung übte ich Kritik, beschrieb, was mir nicht gefallen hatte. Da war was los. Ich dachte: Der Stein redet überhaupt nie wieder mit mir. Und Bruno Ganz auch nicht. Bruno, der Gehorsame, nicht anders Edith Clever und Jutta Lampe. Ich fand diese Haltung entsetzlich. Die Giehse ist bei der Tür gestanden. Sie probte *Die Mutter* von Brecht mit Stein: »Ja, grüß dich Gott. Zum wievielten Male sehen Sie denn jetzt *Tasso*?« – »Zum ersten Mal.« Sie war blind vor Liebe. Stein distanzierte sich von dieser Aufführung später in aller Öffentlichkeit.

So bin ich durch eine Zeit gegangen, in der plötzlich infolge der Gastspiele des Living Theatres oder Joan Littlewoods politisches Theater, Agitproptheater, Experimentiertheater populär geworden sind. Es gab natürlich einen sehnsuchtsvollen Wunsch, in einem Ensemble wie dem von Brecht oder in einem Ensemble wie dem von Gründgens zu sein. Aber das hat sich nicht ergeben.

KLAUS MICHAEL GRÜBER

Kurt Hübner war ein großartiger Intendant, der in Ulm und Bremen ein Ensemble aufgebaut hatte, das eine Heimat, ein Zuhause war, wie es nie wieder zustande kommen sollte.

Das war die Größe von Kurt Hübner, in dessen Nähe sich Fassbinder, Grüber, Stein, Zadek und viele andere Persönlichkeiten versammelten. Hübner bat mich Anfang der siebziger Jahre nach Bremen zu einer Unterredung mit Klaus Michael Grüber. Ich hatte kurz zuvor eine Kritik über Grüber in der »Frankfurter Allgemeinen« gelesen: Der Schüler übertrifft den Meister. Grüber hatte nach vier Jahren Assistenz bei Giorgio Strehler *Der Prozeß der Jeanne d'Arc zu Rouen* mit Valentina Cortese inszeniert, und Strehler hatte zu ihm gesagt: »Jetzt hast du vier Jahre bei mir assistiert, jetzt assistiere ich bei dir.« – Die deutsche Presse überschlug sich.

Ich ging zu Pempelfort und sagte: »Hier ist die ›Frankfurter Allgemeine‹, es geht um einen jungen Mann, Klaus Michael Grüber. Wir haben doch keinen Regisseur. Rufen Sie an in der ›Frankfurter Allgemeinen‹. Das muß ein unglaublicher Regisseur sein.«

Pempelfort kam nach einigen Tagen zu mir: »Der Junge ist schon bei Hübner in Bremen.«

Ich fuhr also nach Bremen und traf Grüber. Ich habe mich sofort in ihn verliebt. Ich bin ihm in einer Milchbar begegnet. Total besoffen. Grüber hat kein Gesicht, sondern ein Antlitz. Wenn er vom Teufel spricht, schaut er aus wie der Teufel. Spricht er vom Engel, schaut er aus wie ein Engel. Seine Seele spiegelt sich in seinem Gesicht.

Er sagte: »Herr Hübner ist der Meinung, Sie sind mein Prospero.«

Ich brauchte drei Tage, um ihm meine Entscheidung mitzuteilen: »Ich spiele den Trinculo, den Sebastian, wenn Sie wollen, Ariel oder den König von Neapel, aber nicht den Prospero!«

Ich fuhr weg. Prospero wurde von einem Schauspieler gespielt, der nach der Generalprobe ausgestiegen ist. In der Premiere setzte sich Grüber in den Sandhaufen auf der Bühne und las den Prospero, während das Ensemble um ihn herum ganz normal spielte. Er hat gelesen, wie in einem Traum, sensationell.

Es dauerte Jahre, bis ich wieder die Möglichkeit bekommen sollte, mit Grüber zu arbeiten. 1990 inszenierte er an der Schaubühne *Phoenix* von Marina Zwetajewa.

Ich spielte Fürst de Ligne, genannt der Rosa Fürst. Er war der Mäzen von Casanova, den Minetti spielte. Es war keine große Rolle, ich hatte zwei Szenen. Grüber fragte mich vor den Proben: »Wie lebt Fürst de Ligne, wie ist sein Verhältnis zu Casanova?«

Grüber wollte, daß ich einen souveränen Mann spiele. Auf der Bühne stand eine Tasche, aus der Wäschestücke hingen, in denen Minetti kramte. Dann ging die Tür auf, und ich hatte einen grandiosen Auftritt. Ein Lichtschein fiel auf die Bühne und Minetti-Casanova, dann mein Schatten, und ich ging hinein. Mit meinem Schatten verdeckte ich Minetti, dann schloß sich die Tür. Wir waren im Dunkeln. Dann mußte ich sagen: »Was machst du?« – »Ich verreise.«

Grüber sagte: »Es interessiert dich gar nicht. Bewege deine Hände nicht.« Je ruhiger ich war, je statuarischer, – das fühlte ich durch ihn –, um so mehr ergab sich aus dieser absoluten Ruhe ein souveräner Mensch.

Fürst de Ligne in Phoenix *(mit Udo Samel)*
Regie Klaus Michael Grüber, Schaubühne Berlin 1990
Photo Ruth Walz

Fürst de Ligne in Phoenix *(mit Bernhard Minetti)*
Regie Klaus Michael Grüber, Schaubühne Berlin 1990
Photo Ruth Walz

Zwischen erstem und zweitem Akt war ein Umbau. Ein Stuhl wurde auf der Bühne vergessen. Es geschah nichts, niemand verlor ein Wort darüber. Ein anderer Regisseur hätte gesagt: »Was ist hier los?« Ich habe nach dem Stuhl gefragt, und er sagte: »Stört dich das?« – »Nein.«

Der Stuhl ist stehengeblieben. Er war auch ein Meister des Zufalls, einer der den Zufall zu nutzen verstand.

Grüber ist für mich ein Regisseur, der das Geheimnis auf die Bühne zaubert. Es ist schwer zu beschreiben, was er tut. Meistens saß er eine Stunde vor Probenbeginn unten im Zuschauerraum. Er träumte. Vorher hatte er zusammen mit dem Bühnenbildner einen Raum geträumt, mit Schauspielern, die sich darin bewegen. Dadurch entstand ein Geheimnis. Und das spürte man, wenn man sich in diesem Raum bewegte.

Während einer Probe saß ein Mädchen da und spielte den dritten der *Gesänge der Frühe* von Schumann. Das Ensemble hörte sich das an. Zwei haben geflüstert. Da hat er zu der Pianistin gesagt: »Halten Sie an.« Dann zu den Schauspielern: »Wenn jemand sich nicht dafür interessiert, der kann hinausgehen. Jede Note ist eine geweinte Träne.«

Grüber schafft eine Stille, die man hören kann.

RÜCKKEHR NACH BONN

Pempelfort trat an mich heran und fragte mich, ob ich nach Bonn zurückkomme. »Ja. Wenn ich den Hamlet spiele.« – »Gut, wenn du den Hamlet spielst, dann bleibst du vier Jahre.«

Mit dieser Inszenierung wurde das neue Haus eröffnet. Daß ich in Bonn neun Jahre blieb, hatte noch einen Grund: Pempelfort war der einzige Intendant, der mich behielt. Denn wenn ich auch Chancen hatte, an ein nächstgrößeres

Hamlet in Hamlet
Regie Karl Pempelfort, Bühnen der Stadt Bonn 1968
Photo Stadtarchiv Bonn

Theater zu kommen, engagierte mich niemand wegen meiner Aufenthalte in der Psychiatrie. Es hieß: »Schmidinger kann man nicht engagieren, man weiß ja nie, ob bei ihm der Vorhang aufgeht.« Da war es ein Glück, daß Pempelfort sagte: »Du kannst hier bleiben, wenn du willst. Mehr habe ich dir nicht zu bieten.«

Das, was er mir geboten hat, war viel.

Natürlich bin ich viel herumgereist, um den Maßstab nicht zu verlieren. In einem Provinztheater gerät man leicht in eine gefährliche Selbstgefälligkeit, obwohl man reflektiert, was einem gelungen oder nicht gelungen ist. Der Schauspieler kommt in seiner Eitelkeit natürlich in Versuchung, diejenige Arbeit als gelungen zu bewerten, die ihm Erfolg eingebracht hat. Aber das ist Unsinn. Der Zuschauer beurteilt nach zwei, drei Jahren nicht nur die Leistungen des Abends, den er gesehen hat, sondern auch die vorherigen Arbeiten.

Wenn ich bemerkte, daß ich während der Arbeit mit dem Ensemble oder dem Regisseur nicht so glücklich war, habe ich mir schon sehr früh etwas angeeignet: Ich erzeuge eine solche Freude auf der Bühne, allein weil ich dort stehe, daß dieser Zustand, der sehr viel Kraft kostet, mir und dem Publikum Spaß macht. Das geht nicht mit zwei Piccolo und drei doppelten Espresso – sondern das ist eine Grundeinstellung. Ich sage mir: Da sitzt ein Ehepaar, das hat sechzig Mark bezahlt, die nehmen ein Taxi, die haben einen Smoking, die wollen ein Glas Sekt und ein Programmheft. Wenn ein Mann seine Frau ins Theater führt, kostet ein Abend heute über 100 Euro. Der Zuschauer hat das Recht, daß wir uns wenigstens freuen und bemühen, ganz egal, wie diese Bemühungen qualitativ ausfallen. Meistens hat es auch geholfen. Weil ich mich einer gewissen Verantwortung gleichzeitig entzogen, aber mit meiner Freude die Zuschauer nicht im Stich gelassen habe.

1969; München – Kammerspiele

Zadek hatte Edith Clever, Hans-Peter Hallwachs und mich zur Bedingung gemacht, wenn er an den Kammerspielen inszenieren sollte. Everding hatte ja gesagt. Als erstes inszenierte er den *Schmalen Weg in den tiefen Norden* von Edward Bond, eine grandiose Geschichte. Ich bin nicht sicher, ob ich all diese Dinge, die Zadek verlangte, mitgemacht hätte, hätte ich nicht durch ihn die Chance gehabt, an die Kammerspiele zu kommen. Ich entwickelte eine Art von Dankbarkeit und machte das Dümmste und das Unmögliche, und das mit einem ungeheuren Spaß. Diese Aufführung war ein riesiger Skandal und wurde, auf Wunsch des Chefdramaturgen Heinar Kipphardt, nach vier Vorstellungen abgesetzt. Obwohl sie restlos ausverkauft war und München sie unbedingt sehen wollte.

Ich glaube, diese Art von Theater war seinen Plänen als Chefdramaturg nicht genehm. Er setzte noch ein weiteres Stück ab. An der Münchner »Abendzeitung« gab es einen Glossenschreiber: Sigi Sommer. Auf dem Ball der Münchner Kammerspiele ging er mit einem Blatt Papier zu Schweikart und dem damaligen Oberbürgermeister Hans-Joachim Vogel und sagte: »Bestätigen Sie mir bitte, daß wenn ich ein Stück schreibe, Sie das aufführen.« Die beiden Herren haben das bestätigt. Er schrieb ein Stück, *Marilli Kosemund,* ein Volksstück über eine Dirne. Schweikart, der gerissenste Fuchs unter allen Theatermännern, die ich kenne, hat dieses Stück mit der Zusicherung, es aufzuführen, in die Schreibtischlade geschoben. Als er seinen Intendantenposten verließ und Everding das Haus übernahm, war der gezwungen, das Stück zu bringen, was er auch mit hoher Besetzung, aber mit einem Regisseur, der der Sache nicht gewachsen war, tat. Everding kam aus San Francisco oder Honolulu, wo er *Freischütz* oder *Madame Butterfly* inszenierte, zur Premiere. Die Zuschauer nahmen die Aufführung hin, weil Sigi Sommer immerhin ein Münchner Original war.

Dann kam die Szene: Beerdigung der Marilli Kosemund. Das ganze Ensemble stand da – von Walter Sedlmayer bis Gustl Bayrhammer. Gemächlichen Schrittes kam Dieter Kirchlechner als Pfarrer, und sprach: »Verehrte Trauergäste!« – und nun brach ein Orkan im Zuschauerraum los. Aber nicht etwa Buhs und Pfiffe, wie man glauben möchte, sondern schallendes Gelächter. Worauf Everding zur Inspizientin Katja Nigg gesagt hat: »Vorhang!« Er trat auf die Bühne und verkündete: »Die letzten zwei Bilder werden nicht mehr gespielt.« Daraufhin hat sich das Gelächter aus Mitleid mit den Schauspielern in Applaus verwandelt. Die Schauspieler haben durcheinandergerufen: »Ich verbeuge mich nicht!« Wie mir das bei Mißerfolgen oft passiert ist, forderten die Kollegen mich auf: »Walter, bitte verbeuge du dich allein. Du gehst hinaus und nimmst den Sturm entgegen. Everding sagte immer nur: »Raus, raus!« In dem Moment hörte ich Katja Nigg, eine göttliche Inspizientin: »Ich bitte jetzt um Ruhe auf der Bühne, sonst höre ich den Applaus nicht.«

Ich rechne August Everding hoch an, daß er in der »Werkraumwoche« junge Regisseure mit Inszenierungen einlud. Im Anschluß engagierte er Peter Zadek, Niels-Peter Rudolph, Claus Peymann und Hans-Günther Heyme, denen Everding die besten Besetzungen gab.

Heyme inszenierte 1970 Biermanns *Der Dra-Dra. Die große Drachentöterschau in acht Akten mit Musik* nach Jewgenij Schwarz auf einer riesigen Müllhalde. Die war authentisch. Es hat gestunken wie überall in München. Es gab eine Konzeptionsprobe, in der Heyme ein Tonband aufstellte und sprach und sprach und sprach. Neben mir saß Kipphardt, der die jungen Regisseure betreute. Auf einmal sagte Heyme: »Wir wollen eine politische Inszenierung machen, denn die von Besson war ja alles andere als politisch.« Ich: »Bitte, was haben Sie gesagt? Wiederholen Sie das.« Tonband zurück. Wiederholen. »Danke schön, damit haben Sie mir die Möglichkeit erspart, bei Ihnen zu spielen.«

Ich stand auf. Kipphardt riß mich zurück, aber ich habe diese Rolle nicht gespielt. Kipphardt war ein Mann, der sich Zeit nahm für Gespräche und Kritik akzeptierte, vorausgesetzt, das Theater erlitt nach außen hin keinen Schaden.

Ich habe immer seine Nähe gesucht, weil er ein besonnener, politisch denkender und kluger Mensch war. Er hat Kroetz aufgeführt, Thomas Valentin. Weil im Programmheft zum *Dra-Dra* alle möglichen Drachen der Stadt München zu sehen waren, politische und wirtschaftliche Existenzen, gab es einen Eklat. Kipphardt wurde angefeindet, er kündigte. Darauf boykottierten die Verlage die Kammerspiele. Everding kniete sich im »Hotel Vierjahreszeiten« vor Kipphardt hin und bat ihn, er möge bleiben. Aber Kipphardt blieb weg, und für die Kammerspiele begannen schwierige Zeiten.

1971; SCHAUSPIELER DES JAHRES

Nach Zadeks Inszenierung stand der von Kipphardt entdeckte junge Autor Franz Xaver Kroetz mit dem Stück *Heimarbeit* zur Debatte. Im Vorfeld fanden Gespräche mit mehreren Schauspielern über die Hauptrolle Willy statt. Aber keiner wollte auf der Bühne onanieren. Kipphardt meinte zwar über mich: »Der kann keinen Lastwagenfahrer spielen«, aber man bot mir die Rolle an, und ich habe mir gedacht: Jetzt probiere ich das bis acht Tage vor der Premiere, und dann sage ich: »Ich mache das mit der Onaniererei doch nicht.« Ein junger Regisseur, Horst Siede, fand eine grandiose Lösung für diese Szene: Auf der Bühne stand ein Sofa mit der Rückenlehne zum Zuschauerraum, auf das ich mich mit einem Pornoheft und einem Handtuch setzen sollte. Ich fragte Kroetz, ob nicht ein Taschentuch ausreichte, aber er bestand auf einem Handtuch.

Er hatte einen guten Blick für den Realismus, dem sich auch die Regie und das Bühnenbild von Karl Kneidl in einer stilisierten Form verpflichtet fühlte. Kroetz fragte: »Wie hältst denn du die Schaufel? Hast noch nie eine Schaufel g'halten?«

Auf der offenen Bühne waren das Wohnzimmer und ein Garten zu sehen. Als Berufsunfallinvalide mußte ich in Heimarbeit Samentüten abfüllen. Das habe ich geübt wie ein Wahnsinniger. Mit einem gewissen Kniff konnte ich sie öffnen, mußte dann mit dem Schwamm drübergehen und sie zusammenkleben.

Die Aufführung begann damit, daß ich Holz hackte. Ich hatte das Holz vor der Premiere nicht durchgesehen. Ein Scheit mit einem Ast flog im Salto mortale einer eleganten Dame in der zweiten Reihe in den Schoß. Ich sagte: »Bitte entschuldigen Sie!«

Das war der erste Lacher.

Schon vor der Premiere gab es irrsinnige Demonstrationen, weil das Kulturreferat der Stadt München mit allen Mitteln versucht hatte, dieses Stück zu verhindern. Nicht nur wegen der Onanie-Szene, sondern auch weil Ruth Drexel, ebenfalls auf dieser Couch sitzend, mit dem Rücken zum Publikum einen Abtreibungsversuch mit einer Stricknadel an sich vornahm. Nach diesem fehlgeschlagenen Abtreibungsversuch kommt ein Beulenkind zur Welt. Dieses Kind, das Tag und

Nacht schreit, taucht ihr Mann, den ich spielte, in der Bade-
wanne unter. Drei Kinder sollten mitspielen. Wegen dieser
Kinder hat das Kulturreferat die Aufführung verboten. Klaus
Emmerich, ein damaliger Jungfilmer, schlug vor: »Filmt doch
die Kinderszenen.« Und so kam nun eine Leinwand mit den
Kinderszenen herunter. Die Premiere war insofern enervie-
rend, als schon vor Beginn der Vorstellung Stimmung gemacht wurde: »Schmidinger, die Pornosau, onaniert wie Koh-
lenklau«, schrie ein Chor vor der Werkstattbühne. Kurz vor
der Vorstellung kamen zwei Kriminalbeamte und fragten:

»Entschuldigen Sie, wollen Sie wegen der Beleidigungen eine Anzeige erstatten?«

»Nein, nein, ich will keine Anzeige erstatten.«

»Ach so, Sie betrachten das als eine Art Reklame?«

Irgendwelche Leute hatten Jauchefässer im Foyer ausge-
kippt, um zu verhindern, daß die Menschen hineingehen, die
dann über den Hof, den Lastenaufzug in die »Werkstatt« hin-
aufgeführt wurden.

Es war ungeheuer turbulent, alle waren nervös, Kroetz soff
sich einen an. Aber wie immer, wenn die anderen nervös sind
und Angst haben, wurde ich ruhig. Ganz, ganz ruhig. Wir
spielen drei, vier Szenen. Die waren noch erträglich. Plötzlich
gingen die Türen links und rechts auf der Bühne und im Zuschauerraum auf. Ich wurde angewiesen zu sagen: »Entschuldigen Sie, die Vorstellung muß unterbrochen werden, es ist
ein Bombenattentat angesagt worden.« Die Mutter von Ruth
Drexel kriegte einen Schreikrampf, das Publikum kreischte.

Die Polizei mußte mit Suchgeräten den ganzen Zuschauerraum abgehen. Anschließend spielten wir weiter. Nach fünf
Bildern kamen zwei Polizisten herein und sagten: »Verzei-
hung, wir haben die Samentüten noch net untersuacht.« – »Ja
bitte, meine Herren, machen Sie.«

Willy in Heimarbeit *(mit Ruth Drexel)*
Regie Horst Siede, Münchner Kammerspiele/Werkraumtheater 1971
Photo Oda Sternberg

Es war eine unbeschreibliche Premiere, die aber irgendwann zu Ende ging. Das Stück machte einen überwältigenden Eindruck auf die Münchner. Ich wurde von »Theater heute« für die beste schauspielerische Leistung des Jahres ausgezeichnet. Das hing sicher damit zusammen, daß zu dieser Uraufführung die gesamte Presse gekommen war. Ich habe mich irrsinnig gefreut.

Dann spielte ich, weil Hans Korte eine Gallenentzündung hatte, Mime und Gunther in *Der Ring des Nibelungen*; in einer Besetzung, die es nie wieder geben wird: Christa Berndl die Brunhilde, Therese Giehse die Freya, Pasetti den Wotan, Paul Verhoeven den Alberich, Matthias Habich in seiner Jugendschönheit den Siegfried.

Martin Sperrs *Jagdszenen aus Niederbayern* inszenierte ein junger Regisseur, Ulrich Heising, in großer Besetzung mit Hansi Brenner, Monica Bleibtreu, Ruth Drexel, Therese Giehse, Christa Berndl. Die Giehse trat an die Rampe und sagte: »Ich möchte an der Busstation nicht den Strohhut aufsetzen.« Der Regisseur: »Ja was denn, Theres?« – »Das Kopftuch, weil es könnte ja sein, daß es regnet, und da würde mir es um den Strohhut leid tun, und den tue ich in den Koffer 'nein – net?« – »Ja aber, Therese, der Strohhut steht dir so gut.« – »Ja.«

Ich ging in ihre Garderobe und sagte: »Frau Giehse, ich verstehe überhaupt nicht, warum Sie dem Regisseur nachgeben. Der muß doch was lernen.« – »Na ja, lernen tut er ja, aber wissen Sie, ich muß aber sein Selbstbewußtsein stärken. Weil wenn ich anfange, mit ihm zu diskutieren, da diskutiert hier ja jeder in dem Haus.«

Dann spielte ich meinen größten Mißerfolg an den Kammerspielen. Es gab einen göttlichen Schauspieler, der hieß Norbert Kappen. Er war der Othello bei Kortner am Burg-

Mime in Der Ring des Nibelungen *(mit Matthias Habich)*
Regie Ulrich Heising, Münchner Kammerspiele 1971
Photo Oda Sternberg

theater. Wir kannten uns aus Bonn, wo er am Contra-Kreis-Theater spielte. Wir gingen jeden Tag saufen, und meistens sind wir dann uns gegenseitig stützend nach Hause gegangen. Er spielte in Molières *Don Juan* den Sganarell, ich den Pierrot und mein Freund Romuald Pekny den Don Juan. Professor Oscar Fritz Schuh inszenierte. Ich hatte mir immer die Professoren der deutschen Bühnen gewünscht: Professor Dr. Willi Schmidt, Professor Leopold Lindtberg, Professor Oscar Fritz Schuh. Aber als es dann soweit war und ich bei Professor Schuh probte, habe ich gedacht, ich gehe in die Isar. Es war furchtbar. Norbert Kappen kam nach der ersten Probe auf mich zu und sagte: »Walter, du hast doch nie Geld? Ich geb' dir hier zweihundert Mark, mehr hab' ich nicht. Darf ich zum Everding gehen und ihm sagen, daß wir die Rollen tauschen, ich bekomme den Pierrot und du den Sganarell?« Ich habe ja gesagt und zweihundert Mark verdient. Er war von Ehrgeiz zerfressen.

Romuald Pekny, ein großer Schauspieler, hatte plötzlich auf den Proben eine Art entwickelt, alles in den Zuschauerraum zu sprechen. Ich stand daneben wie Piksieben und sagte: »Entschuldige bitte, ich bin doch dein Vertrauter. Mir gestehst du doch all diese schlimmen Abenteuer mit Frauen. Du mußt es mir erzählen, sonst kann ich ja nicht leiden.« – »Der Sganarell ist für den Don Juan das, was die Mutter für den Jedermann ist.«

Nach der Probe ging ich zur Giehse und fragte: »Frau Giehse, was mach' ich denn jetzt?« – »Ja zuerst ein Schnäpschen, das wer mer glei habn. Prost! Also passen Sie auf, wenn die Sache so ist, wie Sie sie mir erzählen, dann rate ich Ihnen: Hören Sie ihm bedeutender zu, als er ist.« Ich habe ihr das vorgespielt. Sie: »Das ist zuwenig. Das ist zuwenig. Das muß dich überrieseln, jedes Wort.«

Das war nicht nur die große Intelligenz einer Schauspielerin, das ist nicht nur das Wissen um die Arithmetik und Geometrie des Theaters, sondern gehört zur Tradition des jüdischen Theaters, das ich bei Grete Mosheim, bei Ernst Deutsch kennengelernt habe: Sie haben eine andere Art von Intelligenz eingebracht, es ist eine andere Art, Reaktionen herauszufordern. Heut hört ja keiner mehr zu. Man kann rechts auf der Bühne in Ohnmacht fallen, sie gehen links ab, weil sie gar nicht bemerken, daß rechts einer in Ohnmacht gefallen ist. Wenn ich dann laut lache, weil es so blöd ist, glauben sie, ich bin schon wieder reif für die Psychiatrie.

THERESE GIEHSE

Therese Giehse saß häufig in der Kantine. Ich habe mich ihr vorgestellt, als ich an die Kammerspiele kam. Sie war nicht nur reserviert, sondern von meiner Ansprecherei, meiner östereichischen Überhöflichkeit und dieser direkten Absicht, mich in ihre Nähe zu begeben, abgestoßen. Es war ihr auch zuwider, wie ich in der *Dame vom Maxim* von Feydeau, Theater spielte. Das sagte sie mir dann auch auf schonungslose Weise ins Gesicht.

Sie sah sich eine Vorstellung an. In der Pause saß sie auf der Bühne. Ich kam, zehn Minuten bevor es weiterging, auf die Bühne und habe mein Leder, meinen Kamm, mein Textbuch und die Puderquasten hingelegt und sagte: »Sie sitzen hier?« – »Ja! In der Kantine sind Leute, die ich nicht sehen will, im Zuschauerraum sind Leute, die mich nicht sehen wollen, da sitz ich halt hier. Im übrigen, Sie sind ein Schreckenskomiker.«

Ich hab' mir gedacht, ich frage die alte Hexe gar nicht, was sie darunter versteht, denn Schreckenskomiker ist einer, der

Amateurschauspieler in Tingeltangel
Regie Niels-Peter Rudolph, Münchner Kammerspiele 1971
Photos Oda Sternberg

dauernd erschrickt, und so eine Rolle spiele ich. Nachdem ich das übergangen hatte, sagte sie: »Im übrigen wüßte ich einen Schauspieler, der Ihre Rolle großartig spielen könnte.« – »Ja? Wen?« – »Wilfried Seyfert. Wissen Sie, *das* ist ein großer Schauspieler. Darüber brauch' mer gar net reden. Schad', daß er tot ist. Ich hab' ihm gesagt, er soll nicht den Porsche fahren. Aber er hatte sich an den Porsche so gewöhnt, und jetzt ist er tot.«

Dann ging sie. Immer wenn ich sie traf: »Grüß Gott, Frau Giehse, wie geht es Ihnen?« – »Bei diesem Föhn gebe ich auf eine solche Frage gar keine Antwort.«

Ich habe mir gedacht, diese Frau muß ich erobern. Irgendwann fragte ich: »Frau Giehse, darf ich mich zu Ihnen setzen?« – »Sie sitzen ja schon.«

Es war eine Vorstellungsänderung im tiefen Winter, O'Caseys *Juno und der Pfau.* Herr Verhoeven war in seinem Landhaus in Niederbayern und mußte von der Polizei gesucht werden. Wir warteten, daß der Verhoeven gefunden wird und die Vorstellung stattfinden kann. Sie saß da und sagte zu sich: »Könnte in Niederbayern nicht eine Lawine heruntergehen?« – »Frau Giehse, ich glaube, das ist nicht nötig. Draußen ist Eisregen. Und da dreht es das Auto in die Isar.« Da blühte sie auf: »Ja, Glatteis *und* Lawine wären mir lieber.«

Von dem Tag an funktionierte es. Sie war es wahrscheinlich auch müde, mich dauernd abzuweisen. Wir sind uns viele Male begegnet. Das waren beglückende Begegnungen.

Als ich in der Psychiatrie in Hamburg war, schrieb sie mir einen Brief. Den trage ich immer bei mir. »Lieber Walter Schmidinger! Ich denke so viel an Sie. Von unserer Freundin Margret habe ich erfahren, daß Sie im Krankenhaus sind, und will Ihnen Grüße und tiefste Sympathie schicken. Ich hoffe, Sie bald wiederzusehen. Sie sind für mich ein allergrößter Künstler, das wissen Sie, und ein liebenswürdiger Mensch. Ich bin Ihnen anhänglich. Verzeihen Sie die schlechte Schrift, ich habe den Star, er wird demnächst operiert. Auch sonst bin ich durch Überarbeitung sehr herunter. Ruhen Sie sich aus, und fangen Sie dann langsam wieder an zu arbeiten, nicht zuviel. Man braucht Sie so sehr. Ich hoffe, Sie bald wiederzusehen. Leider bin ich nicht in Hamburg. Aber vielleicht glückt's. Ich grüße Sie herzlich, Ihre Therese Giehse.«

Sie scheint gewußt zu haben, daß ich so einen Brief brauchen konnte.

Gesehen hatte ich die Giehse zum erstenmal als Marthe Rull in *Der zerbrochne Krug* von Heinrich von Kleist 1951 bei den Salzburger Festspielen, Regie: Berthold Viertel. Eine ungeheure Kraft, eine ungeheure Volksnatur. Sie konnte Frauen aus dem Volk spielen, was die meisten ja nicht können. Natürlich auch große Damen, wie Claire Zachanassian in *Der Besuch der alten Dame*. Das Wesentliche für mich waren die Kraft, der Humor, die Sprache und ihre Einfachheit, mit dem größten Effekt. Bei ihrem Brecht-Abend sprach sie das Gedicht »Fragen«. Da gab es eine Zeile: »Schreib mir, was dir fehlt! Ist es mein Arm?« – Da stand ich auf, ging leise hinaus und konnte nicht mehr aufhören zu weinen. Einige Tage später bin ich ihr begegnet und habe ihr gesagt: »Frau Giehse, ich hoffe, Sie nicht gestört zu haben, ich mußte gehen. Mir war das unerträglich, dieses Gedicht ›Fragen‹.« – »Ja, stellen Sie sich vor, der Brecht hat aus Svendborg dieses Gedicht auf eine Ansichtskarte an die Carola Neher geschrieben. Und wissen Sie, daß sie zur gleichen Zeit von der GPU erschossen wurde. Was sagen S'?«

Sie las, wie wir in der Volksschule in der ersten Klasse angewiesen worden waren: Na-me, oh-ne, An-na, Ne-ni, Nu-ni.

Sie setzte Worte scheinbar wertfrei. All das, was ihre Gefühle, ihre Gedanken waren, das, womit sie Brecht erfühlen und erfüllen wollte, das hatte sie in ihrem Hirn, in ihrem Herzen. Gleichzeitig war es so einfach und forderte einen zum Denken auf. Sie übte einen Zwang aus, mitzudenken. Über das Denken kam man in Gefühle der verschiedensten Art. Für mich war der Brecht-Abend das Größte. Weil mir auch gleichzeitig klar wurde, daß mir bei allem Lernen, Tun und Machen diese Einfachheit nie gegeben war.

Als ich ihr begegnete, wußte ich sofort, das ist die Kunst einer großen, überwältigenden Persönlichkeit, einer großen Schauspielerin, die ich nie erreichen kann. Ich zog mich auf eine Art des Vortrags oder des Erzählens zurück, wie ich es von der Bergner kannte: Sie hat jede Erzählung und jede Rolle so gesprochen, wie meine Mutter mir Märchen erzählte. Also sehr theatralisch und mit allen Finessen und mit allen Schattierungen einer Erzählweise.

Therese Giehse hat nie, auch als wir schon befreundet waren, private Äußerungen über ihr Leben gemacht. Sie hat nie eine Geschichte oder eine Begebenheit aus ihrem Leben erzählt, die mit einer bestimmten Person zu tun hatte. Auf Umwegen konnte man manchmal etwas erfahren.

Die Giehse war gegen ihre Freunde sehr streng. Sie war sparsam in ihrem Lob, aber man erkannte in jeder strengen Zurechtweisung und in jeder Kritik, daß das eigentlich nur ein Ausdruck ihrer Liebe war, weil sie sich eine solche Mühe gab, es richtig zu formulieren. Sie war eine Künstlerin der Formulierung, der Wortwahl. Phänomenal!

Natürlich haben die Leute gesagt, sie sei böse. Nein. Die Wahrheit hat sie gesagt und nicht nur ihre, sondern die Wahrheit überhaupt. Und die ist für die meisten böse, weil sie sie nicht vertragen. Leider habe ich diese Angewohnheiten von ihr übernehmen wollen, nämlich die Wahrheit zu sagen – oder das, was ich für die Wahrheit hielt – und vergaß zwei, drei Jahre, daß ich nicht die Giehse bin. Sie hatte eine andere Bildung, eine andere Biographie und kannte Leute, von Wedekind über die Familie Mann bis hin zu Brecht.

Ich habe wieder und wieder ihre Welt näher erkunden wollen, zum Beispiel gefragt: »Warum haben Sie nie geheiratet?« – »Na, ich war doch verheiratet, mit dem Briten. Das wissen Sie doch.« – »Ja. Und Sie sind ja auch britische Staatsbürgerin.« Da sagte sie, wie ein junges Mädchen: »Wissen Sie, Herr Schmidinger, die Männer hatten in irgendeiner Weise Angst vor mir.« – »Ich hätte keine Angst vor Ihnen.« – »Das sagen Sie jetzt, weil ich alt bin.«

So konnte ich dieser Frau nahe sein, ohne die Distanz aufzugeben. Je größer die Distanz, um so toller hat natürlich ein gegensätzlich gedachter oder gefühlter Satz gewirkt: »Schauen Sie, diese Marthe Rull: Dreimal habe ich diese Rolle gespielt. Ich wurde immer schlechter, die Kostüme wurden immer schöner. Und nun kommt der Brecht daher. Diese Proben waren ja furchtbar. Er hatte die Idee, daß überhaupt kein Krug auf die Bühne kommt, sondern daß der Krug in totalen Scherben in einem Tuch ist und daß ich das wie ein Puzzlespiel zusammenfüge. Sie können sich vorstellen, daß das endlos gedauert hat.«

Ich sah sie in der gleichen Rolle in München: Veit Tümpel, der Idiot, mischt sich in den Prozeß ein. Schüchtern, scheu und vertrottelt, indem er sagt: »Wir werden den Krug ersetzen.« Darauf hat sich die Giehse umgedreht, Luft geholt und gesagt: »Ersetzen?«, daß man geglaubt hat, die Mona Lisa oder die Nofretete steht zur Diskussion. Das konnte nur sie spielen.

Weil sie nicht spielte, sondern war, und das hing mit ihrer

Biographie zusammen. Es waren Zeiten ohne Wirtschaftswunder, ohne Fernsehen, es waren Zeiten ohne Supermärkte. Es waren Zeiten im Umbruch, im ständigen Umbruch. Diese Zeiten der ständigen Bewährungsproben, die nicht nur beruflicher Natur waren, haben Schauspieler mit einer ganz bestimmten Aura hervorgebracht, einer Aura, die selten zu erspielen ist.

In Tschechows *Onkel Wanja* spielte die Giehse die alte Kinderfrau. Sie hat sich nicht für das intellektuelle Geschwafel von Astrow interessiert, auch nicht dafür, ob Sonja einen Mann findet. Sie hat Tee eingegossen, später Schnaps, sie hat die Sachen schon hundertmal gehört, schon hundertmal gemacht. Und – sie strickte von Anfang bis zum Ende. Sie hat scheinbar nichts gespielt, aber man assoziierte, man rätselte, sie war eine Projektionsfläche.

Sie strickte und strickte. Als im dritten Akt gesagt wurde: »Das Gut wird verkauft«, hat sie zum erstenmal reagiert: Sie hat das Strickzeug in den Schoß gelegt und die Hand vor den Mund gehalten. Dann dachte sie nach, daß sie in diesem hohen Alter niemand mehr auf einem Gut, einem Bauernhof oder einer Datscha haben will. »Was wird dann aus mir? Das Gut verkauft?« – auf ihrem Gesicht konnte man alle diese Fragen lesen. Es hat aber nicht sehr lange angedauert, dieses Nachdenken über die Zukunft. Sie hat das Strickzeug aufgenommen und weitergestrickt. Darin lag die Größe eines einfachen Menschen. Jeder sorgt sich um die Rente und die Pension. Und da hat man eine alte Frau aus einer fernen Zeit gesehen, die ihr Leben lang gedient hat und plötzlich nicht mehr weiß, wo sie hin soll. In einem kurzen Moment wurde die Tragödie dieser Figur deutlich. Man braucht für einen solchen Vorgang natürlich auch Kollegen, die Raum dafür lassen, die sensibel auf der Bühne reagieren.

Sie hatte einen untrüglichen Sinn fürs Wesentliche. Deshalb beschimpfte sie mich auch: »Ich bitte Sie, Sie sind noch gar nicht aufgetreten und spielen schon fünf Biographien. Das ist ja furchtbar.«

Wie übrigens später Ingmar Bergman: »In den ersten drei Sätzen versuchst du schon die ganze Biographie zu spielen, aber du hast Zeit. Beim vierzigsten Satz wird man schon merken, was mit dir los ist.«

Eines Tages sagte sie: »Ich liebe Sie nicht so, wie Sie sind, ich liebe Sie so, wie Sie gerne sein möchten. Und wenn ich Ihnen dazu verhelfen kann, so zu werden, wie Sie es sich wünschen, dann helfe ich Ihnen. Aber leicht wird das nicht.«

Der Satz traf mich, weil einem eine höhere Ehre ja nicht geschehen kann. Ich sag': »Fangen Sie an.« – »Sie verneigen sich vor Ihrem Intendanten zu tief. Und wissen Sie, wann Sie die größte Wirkung haben?« – »Nein.« – »Wenn Sie schweigen.« – »Ja, aber ich red' doch die ganze Zeit.« – »Nein. Sie hören oft zu und schweigen. Da werden einige Leute unruhig und fragen: Hast du was, ist was? Dann sagen Sie ihnen: Nein. Und dann ist es ganz aus. Denken Sie daran.«

Eines Tages gingen wir essen, und sie sagte: »Warum sind Sie zum Theater?« – »Frau Giehse, das ist schwer.« – Sagen Sie's.« – »Den Prinzen im *Homburg* wollte ich spielen, Wetter vom Strahl, Achilles und solche Rollen.« – »Aha. Dann glauben Sie vielleicht, ich hätte nicht gern die Julia und das Gretchen gespielt? Was glauben Sie eigentlich?«

Und plötzlich fing sie an, sich zwischen Dessert und Kaffee immer auf den Bauch zu klopfen, und sagte vor sich hin: »›Ach neige, du Schmerzenreiche, dein Antlitz gnädig meiner Not.‹« Ich sitz' da und wußte, bis ich siebenunddreißig Jahre alt wurde, nicht, daß das Gretchen schwanger ist. Das muß an den Inszenierungen gelegen haben.

Ihre Kritik war von bayrischer, jüdischer Hochintelligenz. Sie hat sich nach langem Denken geäußert, weil sie eine verantwortungsvolle Frau war, sich und den anderen gegenüber: »Schauen Sie, die Ostermayer, die verehre ich so. Wegen der bin ich nach Wuppertal gefahren und hab' mir ihr Gretchen angeschaut, weil ich in der Zeitung gelesen habe, daß sie ein wunderbares Gretchen ist – das war sie auch. Dann bin ich nach Wunsiedel, sie als Gretchen anschauen. Schließlich habe ich sie im Residenztheater zum dritten Mal als Gretchen gesehen. Und jetzt sage ich Ihnen was: Ostermayer hat als Gretchen eine dumme Mutter.« – »Warum?« – »Wenn die Mutter gescheit wäre, hätte sie das Gretchen Literaturwissenschaften studieren lassen, denn bei ihrem dritten Gretchen spielte die Ostermayer nur noch die Sekundärliteratur.«

Und das traf es genau.

Nach *Wallenstein* stand Therese Giese beim Bühneneingang und wartete auf Ulla Berkéwicz. Ich habe mich natürlich gleich angewanzt, daß ich mitgehe auf ein Bier. Und da sagte sie: »Ihr schwedischer Hauptmann ist ja erträglich, denn Sie ziehen den Herrn Schiller ins Psychopathische.« Durch einen Satz konnte man erfahren, daß Goethe, Schiller, Lessing nicht ihre Dichter waren. Ihre Biographie hat sich dorthin begeben, wo ihre Kunst sich zur Blüte entwickelte: Gorki – ungeheuer, Dürrenmatt – unbeschreiblich, Ostrowski – phantastisch. – »Ja, sonst habe ich doch nur Dienstmädchen g'spielt, das wissen 'S doch.«

Nun gehört zur Größe der Großen auch, daß sie nicht der Eitelkeit unterliegen, etwas zu spielen, womit sie nichts zu tun haben, daß sie genau wissen, wo die Grenze ist. Sie beherrschte auch die Kunst der kleinen Rollen, der sogenannten kleinen Rollen, und es war für sie kein Problem, mit jungen, unbekannten Regisseuren zu arbeiten.

Die Giehse hat sich immer wieder für Leute eingesetzt – oder für Stücke, die politisch mißliebig waren. Sie ist so lange von Pontius zu Pilatus gegangen, bis das Fernsehen einen Film über Kroetz gedreht hat. Sie hat sich auch dafür engagiert, daß Martin Sperrs *Jagdszenen aus Niederbayern* aufgeführt wurden. Kurioserweise gelang ihr das zuerst in Bremen, wo das bayrische Stück in niederdeutscher Sprache aufgeführt wurde, bis sie es schließlich auch in München durchsetzen konnte. Die Giehse hat für Stein *Die Mutter* in der Eröffnungsinszenierung der Schaubühne gespielt. Sie war neugierig und engagiert. Sie war als Schauspielerin und als Mensch ein Maßstab für mich, weil sie unbestechlich war, weil sie ein Schauspielerethos lebte und eine der größten Schauspielerinnen war, die ich kennenlernen durfte.

RESIDENZTHEATER, 1972–1984

Kurt Meisel übernahm die Intendanz des Residenztheaters. Ein Jahr vor Beginn seiner Münchner Intendanz war er Oberspielleiter am Burgtheater. Er ging zu meiner Agentur und fragte Frank Baumbauer: »Haben Sie einen ›Zerrissenen‹?« – »Ja, den Schmidinger.« – »Den kenne ich nicht.«

Dann haben wir uns getroffen. Er hat mich gefragt, ob ich den »Zerrissenen« spiele. »Ja. Unter wem?« – »Unter Gustav Manker.« Ich war auch mit der Gage einverstanden.

Ich ging zu Everding und sagte: »Herr Everding, ich kann den ›Zerrissenen‹ spielen. Und da ich bei Ihnen immer nur etwas spiele, wenn zufällig jemand krank wird, geht das nicht so weiter.« – »Ja, ich verstehe Sie vollkommen. Hier haben Sie *Eduard II.*« – »Ja, danke schön.«

Ich war noch nicht zu Hause, da rief er an und sagte, er habe ein Gespräch mit Romuald Pekny gehabt, der ihm mitgeteil habe, daß er nur die Titelrolle spielen würde. »Er will den Mortimer nicht spielen, daher müßte ich Sie darum bitten.« – »Nein, den spiele ich Ihnen nicht. Ich mache mich ja nicht lächerlich. Denn, verzeihen Sie, da steht jemand auf der Bühne und sagt: ›Dort kommt der Bulle von London‹ – und dann trete ich auf. Nein. Ich spiele Ihnen jede andere Rolle, die Sie wollen.« Ich spielte dann den Herzog von Kent.

Ich ging zu Meisel: »Ich würde gern den ›Zerrissenen‹ spielen.« – »Ja. Wollen Sie nicht länger bei mir bleiben als für den *Zerrissenen?*« – »Ja.«

So war ich am Residenztheater. Als erstes spielte ich den Herrn von Lips in *Der Zerrissene* und blieb zwölf Jahre an diesem Theater mit der Unterbrechung von einem Jahr, in dem ich am Hamburger Schauspielhaus war. Aber da war ich schnell wieder zurück.

Wir hatten das bessere Ensemble, aber die Kammerspiele hatten von jeher den besseren Ruf. Meisel ist es nicht gelungen, die Kräfte seines Ensembles so einzusetzen, daß sie zu wirklich großer Blüte kamen. Wir hätten damals die Gelegenheit gehabt, den Kammerspielen den Kampf anzusagen, wenn Meisel häufiger Regisseure von Rang engagiert hätte.

WALTER FELSENSTEIN

Bei Felsenstein spielte ich den Hauptmann im *Wallenstein*. Felsenstein erfand für den schwedischen Hauptmann etwas Außerordentliches. Wenn er Thekla den Tod des Max Piccolomini verkündet, erzählt er das wie in einem halluzinativen Zustand, als würde er noch einmal diese Schlacht erleben: Es donnert und kracht, und er fällt vom Stuhl. Bei dieser grauenvollen Kriegsgeschichte, die für einen Menschen nicht zu verkraften ist, war es für ihn das Wichtigste, daß ein Mensch zurückbleibt, der für sein Leben gestört ist und nie wieder normal denken wird. Am Schluß dieser Erzählung wollte er, daß ich aus diesem Geschehen erwache und nicht mehr weiß, ob und was ich erzählt habe. Ich stehe vor Thekla, die meine Hand nimmt und mir den Verlobungsring des Max Piccolomini in die Hand gibt. Ich gehe ab mit diesem Ring und ohne mich an meine Worte zu erinnern. Das war für mich neu und ungewohnt, und ich habe es nicht hingekriegt. Er hat immer vorgespielt – jetzt sehen Sie die Reiterei … oder träum ich, oder wach ich, ist das eine Vision, oder was ist da – ich habe das nicht hingekriegt. Einmal sagte er: »Sie sind auf dem Weg.« Dann gab es einen Krach, weil Ernst Schröder sich in den Zuschauerraum setzte und sich die Szene angesehen hat. Er brüllte los wie am Spieß: »Herr Professor Felsenstein, Sie haben doch gesagt ich bin der einzige Einsame in diesem Stück! Der Schmidinger ist da doch auch einsam.«

Da bekam ich ein wahnsinniges Kompliment: »Ja, aber bei dem Schmidinger habe ich das nicht inszeniert. Auf Wiedersehen, Herr Schröder.«

Felsenstein schrieb zur Premiere einen Brief, daß ich keine Sorge haben solle, das sei eine Szene, die so, wie wir sie gemeinsam erarbeitet hätten, nicht jeden Tag gelingen könne. »Ich danke Ihnen, Ihr Walter Felsenstein«. Ich spielte das in der Premiere, ging ab, es war ein Riesenapplaus. Ich laufe direkt in den Felsenstein hinein, der sich die Szene angeschaut hatte: »Wenn Sie nach so einer erschütternden Szene einmal keinen Applaus haben, dann sehen wir uns wieder.«

DER REGISSEUR KURT MEISEL

Ich arbeitete mit Felsenstein, mit Gustav Manker und mit Kurt Meisel zusammen, der selbst eine Biographie hatte, von Hilpert bis Fehling, von Gründgens bis Stroux. Meisel war ein wunderbarer Schauspieler, mit allen Wassern gewaschen, mit allen Ölen gesalbt. Er war vernarrt in die Schauspieler, er kam auf die Proben, um die Schauspieler zu bewundern, sie zu lieben und um mit seinem unendlichen Können, seinem Handwerk die ihm dargebotenen Vorschläge zum Blühen zu bringen. Sich geliebt zu wissen, auch in den Fehlern, ist wichtig. Es war ein sehr freundschaftliches Verhältnis. Er hat einem als Schauspieler sehr viel durchgehen lassen. Was in manchem Fall ein Glück ist, denn durch die Selbstbestätigung, auch wenn man etwas falsch macht, entsteht eine große Sicherheit. Da es mir im Theater nicht so sehr darauf ankommt, daß die Rolle von vorn bis hinten stimmig ist, brauche ich einen Regisseur, der psychologisch vorgeht. Ich bin immer beim ersten Lesen bestrebt, die Sätze, die mich treffen, zu präsentieren, und seien es die unwichtigsten.

Hamlet sagt, kurz bevor er stirbt: »Hätt' ich nur Zeit.« Dieser Satz hatte es mir angetan. Ich komme in Bonn auf die Bühne, dehne den Satz – von Hamburg bis nach Bremen –, und Pempelfort sagt: »Soll ich vielleicht noch ein Ballett einschieben? Der Satz ist doch völlig unwichtig, den streiche ich, wenn der nicht aufhört, den Satz so zu betonen.« Aber gerade solche Sätze haben mich sehr interessiert.

Ich spielte den Weinberl in *Einen Jux will er sich machen* von Nestroy. In dieser Rolle habe ich Karl Paryla sechzig-, siebzigmal gesehen, als ich als Komparse in Wien jeden Abend beim Feuerwehrmann stand: »Was der macht, das kann I net, aber I merk mir alles.« – Weinberl wird befördert, ebenso wie das Christopherl, der Lehrling. Der Gemischtwarenhändler Zangler sagt: »Mussi Weinberl, ich ernenne Sie mit heutigem Tag zum Associé.«

Weinberl: » Associé?«

Zangler: »Und Sie, Mussi Christoph, sind ab heutigem Tag Kommis.«

Weinberl: A s s o c i é, das war schon immer der Chimborasso meiner Wünsche.«

Meisel hat immer wieder darauf hingewiesen, daß er diese Rolle mit der Käthe Gold unter Gründgens' Regie in Berlin gespielt hatte. Irgendwann habe ich gesagt: »Ich halte das nicht mehr aus. Vor dir die Elisabeth Bergner mit dem Rudolf Forster – die werden auch nicht schlecht gewesen sein.« Ich fragte ihn: »Was soll ich denn da spielen? Ich werde verrückt – das ist der Höhepunkt des ersten Aktes, und ich weiß nicht, was ich spielen soll.« Ich ging zur Giehse: »Frau Giehse, erst einmal einen Schnaps.« Ich lege ihr das Reclam-Heft hin. »Was ist das?« – »Jetzt lesen 'S sich's durch.« – »Das ist doch ganz irre, da steht in Klammern: vollkommen perplex. Sie dürfen nicht spielen. Sie dürfen sich nicht bewegen.« – »Die Hände a net in die Höh'? Stört das?« – »Wenn Sie die Hände ruhig halten, nicht.«

Ich habe nichts gespielt, sondern bin eine ganze Reclam-Seite dagestanden, hab' wie ein Automat gesagt: »Associé. Associé. Associé – das war schon immer der Chimborasso meiner Wünsche.«

Das war die Giehse. Sie wußte, hier hat der Dichter den Vorrang: »Sie können ihn nur bedienen, indem sie nichts machen. Jeder Blick würde das stören.« Wo ich immer denke, da muß ich was ganz Tolles spielen. Das Gegenteil ist richtig. So hat sie mich oft gerettet.

Als Intendant war Meisel großartig. Sowohl bei ihm wie

auch bei Stroux und Pempelfort gab es immer einen Gedanken, der alles bestimmte – der Gedanke des Ensembles. »Meine Herrschaften, im Interesse des Hauses« – und da gab es gar nichts zu erwidern.

In seiner letzten Inszenierung als Intendant wollte Kurt Meisel alle Schauspieler über fünfundsechzig in *Viel Lärm um nichts* beschäftigen. Dadurch sollten sie die Möglichkeit bekommen, nach seiner Intendanz als Gäste zu arbeiten. Die Schauspieler, die Benedict, Beatrice und Claudio spielen sollten, haben die Rolle zurückgegeben, weil es ihnen nicht politisch, nicht progressiv genug war. Da saß er völlig zertrümmert wie eine Ruine im Garderobenflur und hat mir das erzählt. Da habe ich gesagt: »Ja, also gut, dann spiele ich den Benedict. Der Shakespeare hat sich abgesichert. Ich spiele nicht einen Mann, der alle Herzen bricht, sondern ich spiele einen Mann, der Angst hat, daß es ihm brechen könnte. Ich spiele Angst vor dem Glück.«

KRITIK UND KRITIKER

Wenn man eine Rolle spielt und weiß, daß man fehl am Platz ist, dann ergibt sich eine ganz bestimmte Forciertheit, die eine Qualität sein kann. C. Bernd Sucher schrieb nach der Premiere von *Viel Lärm um Nichts* in einer Kritik: »Zum Beispiel Schmidinger. Das röhrende Liebesgejodel, das aufgedreht-blasse Erschrecken, die Schmierenfurcht in den Augen, eine ähnliche Angst in den Mundwinkeln, dieses Stammeln und Stottern, dieses Aufheulen und Leidenssingen, dieses Aus-dem-Häuschen-Sein, ganz gleich, ob vor Glück oder aus Schmerz ...« Das war einer jener Momente, in denen ich gedacht habe: Jetzt geht es zu weit, so eine Gürtellinie kann man gar nicht haben. Ich habe Sucher angerufen und gesagt:

»Wissen Sie, was Schmiere ist? Wenn Sie glauben, daß das zwei, drei Schauspieler sind, die auf einem Wagen durch die Lande fahren, gegen ein Abendessen und ein Strohlager im Wirtshaus zu spielen, dann haben Sie mir, wahrscheinlich ohne es zu wollen, eine Ehre erwiesen. Wimperntusche verwende ich keine. Hiermit sage ich Ihnen: *Sie* werden mich nicht mehr kritisieren. Sie haben, was mich betrifft, Schreibverbot, und ich möchte jetzt Herrn Joachim Kaiser sprechen.« – »Herr Kaiser ist nicht da.«

Am selben Abend gab es ein großes Abendessen mit Maximilian Schell. Er wollte seinem Freund Friedrich Dürrenmatt etwas Gutes tun. Er führte ihn mit Charlotte Kerr zusammen. Joachim Kaiser sitzt auch da. Ich gehe an dem Tisch vorbei und merke natürlich, daß sie über mich reden. Sage ich: »Herr Kaiser, was haben Sie über mich jetzt zu berichten?« – »Hm?« – »Das geht nicht mit dem Herrn Sucher.« Joachim Kaiser sitzt inmitten einiger Damen und sagt: »Sie müssen mit ihm Nachsicht haben.« – »Da kann ich keine Nachsicht haben. Jetzt kann ich es Ihnen sagen, das war meine letzte Premiere am Residenztheater. Sie haben sich zwölf Jahre ununterbrochen geirrt. Aber Irrtümer, wenn sie so formuliert sind wie die Ihren, lasse ich noch gelten.« – »Meinen Sie? Ein Beispiel!« – »In *Betrogen*. Sie schreiben: Ich bin frauenfern.« – »Nein. Männernah.« – »Sie wissen auch nicht mehr, was Sie für Vokalitäten machen müssen. Mit Ihnen ist es ja auch entsetzlich.«

Mein Freund Maximilian: »Bitte, sei still. Bitte.«

Schell hatte Kaiser eingeladen, damit er mit dem Pianisten Nicolas Economou eine vierhändige Sonate von Mozart spielt. Den hatte Joachim Kaiser so verrissen, daß die Agentur gesagt hat: »Herr Economou, wir können Sie nach dieser Kritik nicht mehr in größere Häuser, in größere Städte vermitteln.«

Schell sagte: »Die Versöhnung mit einem Kritiker findet bei einem Tennisdoppel oder bei einem vierhändigen Klavier statt.« Dann haben die beiden gespielt. Glänzend.

Kaiser kam schwitzend vom Flügel, neben ihm der schweigende Economou, und sagte: »Das war ich ihm schuldig, ich hab' ihn so verrissen.« Ich hielt Gott sei dank die Hand der Birgit: »Herr Kaiser, entschuldigen Sie, darf ich Sie etwas fragen? Warum sind Sie nicht Pianist geworden?« Er hat sich den Schweiß vom Hals gewischt und gesagt: »Der Krieg kam dazwischen.« Ich hatte noch die Kraft zu sagen: »Verzeihen Sie, ich wollte Sie nicht an etwas Trauriges erinnern.«

Die Schauspieler lassen sich manchmal zuviel gefallen, sind eventuell auch noch gekränkt und tragen diese Kränkung ins Theater hinein.

Aber es gibt natürlich auch da Ausnahmen, zum Beispiel Siegfried Melchinger, den ich immer wieder las, der seitenlang in »Theater heute« ein Stück, eine Regie, eine Schauspielerin in außergewöhnlicher Art beschrieb. Dann und wann natürlich Friedrich Luft, ein Kritiker, vor dem man Hochachtung haben mußte, weil er viel vom Theater verstand und wußte. Er war derjenige, der 1958 über das Berliner Gastspiel des Düsseldorfer Schauspielhauses mit dem *Kaufmann von Venedig* schrieb: »Walter Schmidinger als Lanzelot: Rheinische Mittelprovinz.« Mich hat das getroffen.

Später in Berlin schrieb er, obwohl ich nur am Rande vorkam: »Wir haben Walter Schmidinger schon besser gesehen.« Aber immer, wenn wir uns trafen, sagte er zu mir: »Sie wissen ja, wie sehr ich Sie schätze.« – »Herr Luft, jetzt schreiben Sie es auch einmal. Es wird ja langsam blöd.«

Dann hat er über den Valentin-Abend und über *Michael Kramer* wirklich eine ausgiebige, positive Kritik geschrieben. Aber er hätte nie, wenn ihm etwas gefallen hatte, einen Ver-

Maximilian Villinger

riß geschrieben. Er war eigentlich sehr nobel, obwohl er auch Karrieren von Schauspielern zerstört hat.

Hinzu kommt, daß die Theaterkritiker, von allen Geistern verlassen, nicht wissen, was Theater ist, woraus es besteht, wodurch es wirkt. Sie versuchen in erster Linie, Kulturpolitik zu machen. Aber wirklich große Kritiker, wie Alfred Schulze Wellinghausen oder auch Friedrich Luft, die wußten, worum es geht, obwohl sie sich auch geirrt haben. Sie hatten eine Vorstellung von Theater und vor allem Kriterien, die sie auf alle Inszenierungen anwendeten.

Ich finde die Abhängigkeit von der Kritik, in die sich heutzutage viele Schauspieler begeben, schrecklich und unwürdig. Wenn man einen Regisseur oder einen Intendanten hat, der diese Kritik ernst nimmt, kann es vorkommen, daß der Regisseur oder der Intendant sagt: »Da besetzen wir lieber einen anderen, der bei der Presse gut ankommt.« Aber das ist mir nie passiert. Karl Heinz Stroux hat immer gesagt: »Das lese ich doch gar nicht.« Der Meisel: »Na ja, also durchfallen wird man ja noch dürfen.« Und Pempelfort: »Den Stiefel zieh' ich mir nicht an.«

In den ersten drei Rollen in Bonn bin ich so verrissen worden, daß ich mir dachte, jetzt steht der Entlassung nichts mehr im Wege. Da bin ich zu Pempelfort: »Chef, was machen Sie denn jetzt mit mir?« – »Ja, das habe ich mir gedacht, daß du damit ankommst. Du spielst jetzt den Dauphin in *Jeanne oder Die Lerche* von Anouilh. Was willst du denn?«

Helene Thimig sprach mit uns Schauspielschülern auch über die Presse: »Eine Aufführung geht daneben. Die Kollegen haben sich bemüht, du hast dich auch bemüht und jetzt kommen noch entsetzliche Verrisse dazu. Der Intendant weicht dir aus, weil er nicht weiß, was er sagen soll. Wie viele Auflagen von Zeitungen gibt es? Wie viele dieser Zeitungen haben Verrisse geschrieben? Wie viele Theatergänger haben diese Verrisse gelesen? Und wie viele Theatergänger sagen: Wir wollen uns ein eigenes Urteil bilden. Da der Zuschauer den Schauspieler liebt, hat der Schauspieler schon einen ungeheuren Vorteil, daß der Zuschauer geneigt ist, zu sagen: Diese Aufführung ist besser als die Kritik. Man wird sich bestimmt bei der zweiten Aufführung nach einem Mißerfolg noch mehr bemühen. Dieses Verletztsein, das kann man sich nicht leisten. Wenn man sich wirklich konzentriert und die Rolle drei- statt einmal durchspricht, ist es ausgeschlossen, daß man einen Moment an den Mißerfolg der Premiere oder an die schlechten Kritiken denkt.«

Wenn ich eineinhalb Stunden vorher ins Theater gehe, dann berühren mich diese Dinge nicht, denn der Zuschauer hat das Recht, den vollen Einsatz der Schauspieler zu sehen. Eine Stripteasetänzerin kann sich auch nicht erlauben, daß sie am nächsten Abend schlechter tanzt oder unerotischer wirkt, nur weil sie keinen Freier hatte.

Ich habe immer gewußt, wann ich auf dem falschen Dampfer sitze. Deshalb sind mir Schauspieler oder Schauspielerinnen suspekt, die entweder nicht wissen, daß das, was sie tun, nicht richtig ist, oder die, wenn sie es wissen, so tun, als wäre es richtig.

Man kann nicht immer auftreten und so tun, als sei man gut. Das ist eine Extraleistung, die manchmal dazukommt. Ich hatte immer die Vorstellung einer Hierarchie von Schauspielern und habe versucht, mich innerhalb dieser Hierarchie einzuordnen. Einmal stand ich ganz unten, einmal in der Mitte, dann vorübergehend sogar an dritter, vierter Stelle. Diesen Vergleich mit Schauspielern, die mir etwas bedeuten, deren Leben ich verfolge, deren Leistungen ich beurteilen konnte, hielt ich für notwendig.

Mit Klaus Maria Brandauer bei den Proben von Hamlet
Burgtheater Wien 2002
Photo Georg Soulek

KLAUS MARIA BRANDAUER

1972 hat Brandauer an den Kammerspielen den Petruchio in *Der Widerspenstigen Zähmung* mit Christine Ostermayer als Katharina gespielt. Ich wollte ja immer zum Theater, weil ich etwas spielen wollte, was noch nie jemand gesehen hat. Er war der einzige Petruchio, den ich erlebt habe, der keinen Macho gespielt hat. Er agierte als Liebender, der ein Spiel spielt, das hatte etwas Zauberhaftes. Und man sah, daß ihm dieses Spiel mit Katharina gefällt. Im Lauf dieser Aufführung hat Katharina gezeigt, daß sie nicht mehr widerspenstig sein muß. Dann kam etwas für mich, was ich noch nie gesehen hatte: Mit den Zeilen von Katharina: »Beugt euch dem Mann entgegen, ihm unter seinen Fuß die Hand zu legen« hat die Ostermayer die Hand mit dem Handrücken auf den Bühnenboden gelegt, und ihm die offene Hand entgegengehalten. Für einen Moment war er sehr beschämt und verwirrt, daß diese Frau so demütig ist. Dann ist er in diese Hand mit einem endlosen Kuß hineingefallen. Nach der Vorstellung bin ich zur Bühnentür gegangen, was ich alle zehn Jahre mache, und habe ihm gesagt, wie begeistert ich war. Dann sind wir durch alle Lokale in München gezogen, und wir stellten fest, daß wir die gleiche Vorstellung von Theater hatten. Im Laufe der Jahre ist eine Freundschaft entstanden, die ganz besonders ist. Obwohl wir uns immer wieder gestritten haben, haben sich unsere Wege immer wieder gefunden. Er ist jemand, der in schweren und traurigen Situationen des Lebens ein Freund ist, ein Freund, wie man ihn träumt. Ich kann da nicht mithalten. Ich bin nicht der Freund, den man sich wünscht. In ernsten Situationen habe ich immer Angst, etwas Falsches zu sagen. Im übrigen reden wir nicht viel über unsere Freundschaft. Wir haben natürlich viele Fehler, die wir bis zum Erbrechen kennen, aber wir machen seit dreißig Jahren die gleichen Witze und erzählen die gleichen Bühnengeschichten.

Was ich an ihm als Schauspieler bewundere, ist, daß er jede Rolle aus einem Zentrum spielt, aus dem Zentrum der Figur. Erst wenn man den zentralen Punkt begriffen hat, einen Satz oder eine Haltung, versteht man auf einmal die Figur.

Als ich ihn im *Jedermann* in Salzburg sah, geschah wieder etwas, was ich noch nie gesehen hatte. Es kommt der große Moment, wo Jedermann durch den Tod vom Leben abberufen wird. Und immer wieder erklingt das Vaterunser. Ich habe das fünfzig Jahre lang gesehen, aber bei ihm zum erstenmal mit großer Reue und in großer Not. Klaus Maria Brandauer hat die Bühne betreten und vor Todesangst die Worte des Vaterunsers nicht mehr gewußt. Er stammelte, suchte, röchelte und rang nach Luft, nach dem Sinn dieses Gebets – er hat die Worte nicht gefunden.

Er spielt immer das Leben, immer aus seinem Leben, im Gegensatz zu mir: Ich habe immer Theater gespielt. Das, was er spielt, lebt er, lebt er im Denken und im Fühlen. Mich hat diese Welt, dieses Leben eigentlich nie interessiert, außer in wenigen Dingen. Ich habe Theater gespielt, manchmal gut, manchmal weniger gut. Wir kennen uns jetzt dreißig Jahre. Ich habe einen Freund gefunden, und die Angst vor dem Glück ist kleiner geworden. Seitdem mir das klar ist, fühle ich mich leichter.

Er hat unter Kortner in *Emilia Galotti* den Prinzen von Guastalla gespielt. Fritz Kortner sagte: »Sie müßte man mit Gold aufwiegen.« – Besser kann ich es auch nicht formulieren.

1974; DIE RÜCKKEHR DES VERKÄUFERS

Ich glaube, daß es einem Schauspieler glücken kann, daß er alle zehn Jahre eine außergewöhnliche Leistung vollbringt, wenn die Umstände glückhaft sind: das Ensemble, das Stück, der Regisseur, der Ort, die Zeit, das Publikum. Das, was ich als eine glückhafte, gute Arbeit bezeichne, das muß einen Kritiker oder Zuschauer gar nicht interessieren, auch nicht die Kollegen. Bei denen ist es doch ohnehin so: Hast du einen Erfolg, gratulieren sie dir überschwenglich, hast du keinen, weichen sie dir aus. Dabei weiß ich, daß die Konstellation stimmen muß, die man nur in einem großen Ensemble finden kann, weil dann plötzlich in diesem Ensemble ein Stück auftaucht, das mit den dort engagierten Schauspielern in einer einmaligen Weise besetzt werden kann. Der Zeitpunkt muß stimmen. Wir haben mit Edward Bonds *Die See* in der Inszenierung von Luc Bondy Glück gehabt. Dieses Stück kam in Hamburg mit Marianne Hoppe und Herbert Mensching nicht an, scheiterte am Burgtheater mit Paula Wessely. Es verbreitete sich eine große Unsicherheit, aber auch der Wille, dieses Stück durchzusetzen. Es ging auch darum, sich für einen jungen, vierundzwanzigjährigen Regisseur einzusetzen.

1974 kam Luc Bondy nach München. Ich traf ihn im Intendanzbüro, er sprach mich an und sagte: »Ich habe gehört, Sie sollten in Hamburg und in Wien den Mister Hatch spielen.« – »Ja, das wurde mir angeboten, aber ich bekam keinen Urlaub.« – »Aber der Intendant hat mir drei Schauspieler für den Hatch genannt. Auf dem Besetzungszettel stehen Sie nicht drauf.« – »Haben Sie das Stück?« – »Meine Freundin hat eine Rohübersetzung gemacht.« – »Dann geben Sie mir die für zwei Stunden.« Ich ging in den Hofgarten und las die

Als Hatch in Die See (*mit Lola Müthel*; rechts unten)
Regie Luc Bondy, Residenztheater München 1973
Photos Oda Sternberg

Rohübersetzung. Ich kam zurück und sagte zu ihm: »Das muß ich spielen.« Gemeinsam sind wir zu Meisel gegangen, und ich habe die Rolle bekommen.

Nach der ersten Leseprobe waren die Probleme wie weggefegt, denn alle hatten sich in Bondy verliebt, in seine Phantasie, diese Fähigkeit, Texte zu psychologisieren, Figuren zu entwerfen. Das war ganz neu, ganz überraschend für uns. Die Proben waren wunderbar.

Nicht nur, daß ich das Leben eines Verkäufers kannte, Lola Müthel war die geborene Umtauschkönigin. Sie lebte in einem Metier des Kaufens, Umtauschens und Verkäuferinnenquälens, eine Naturbegabung. Wir beide wußten etwas von dem teuflischen Verhältnis Käufer/Verkäufer. Ich wußte genau, wie so einem Verkäufer zumute ist, wenn er erfolglos ist und nicht irgendeine Illusion mit sich herumträgt, wie dieser Mister Hatch, der fest damit rechnet, daß Menschen von anderen Planeten kommen werden. Ohne diese Illusion würde er zugrunde gehen. Aber die Idee einer Invasion von Menschen anderer Planeten, hält ihn aufrecht. Das ist sein Leben. Die Premiere wurde ein Triumph.

Weil Meisel nicht von seinem Prinzip abgehen wollte, Regisseure vor der Premiere zu engagieren, nahm Bondy ein Engagement in Frankfurt an, unsere Wege trennten sich.

SCHAM UND SCHAMLOSIGKEIT

Später wollten wir in Hamburg zusammen Ibsens *Gespenster* machen. Ivan Nagel hatte ihn und mich schon engagiert. Ich sollte Pastor Manders spielen. Vorher trafen wir uns in München und verbrachten mit einer Großnichte Else Lasker-Schülers einen Abend in einem Restaurant und er erzählte mir, wie er *Gespenster* inszenieren würde. Was ich toll fand, war seine Idee, wie er die Lebenslüge inszenieren wollte. Er wollte, daß Oswald ununterbrochen irritiert ist, daß seine Umgebung Zwischentöne hat, die einen halben Ton zu tief oder zu hoch sind.

Er erzählte mir, wie er auf die Idee mit diesen Zwischentönen gekommen war. Bei einer Untersuchung in Berlin war bei ihm Krebs festgestellt worden. Als er im Flugzeug nach Zürich saß, fragte er sich, ob seine Mutter mit dem Arzt gesprochen habe. Er kam in Zürich an und sah in der Halle seine Mutter. Sie war zum erstenmal besoffen, total besoffen. Er hakte sich unter und sagte: »Was macht unser Hausarzt?« Sie sagte: »Der ist tot.« Und so wie sie ihm das gesagt hat – »Der ist tot.« –, war ein Ton in der Luft, den er noch nie gehört hatte. Das hat ihn inspiriert und zu der Überzeugung kommen lassen, daß *Gespenster* in diesen Tönen gesprochen wird. Luc ist ein Regisseur, der das, was er liebt, was er erlebt, was er erleidet, was er im Leben geschenkt bekommt, in die Stücke projiziert.

Dann brach diese entsetzliche Krankheit aus. Ich schickte ihm ein Telegramm ins Krankenhaus: »Wann ist die erste Stellprobe?«

Ich bekam keinen Urlaub von München, und so hatte sich *Gespenster* erledigt.

Das letzte gescheiterte Projekt war der Sorin in Tschechows *Möwe* am Burgtheater. Bondy hat in Sorin seinen Vater gesehen, der mit unendlicher Gebrechlichkeit dahinsiecht, langsam in das Ende hineingeht. Er konnte natürlich nicht wissen, daß viele dieser Dinge, die er mir vorspielte und erklärte, meine Erfahrungen der letzten Zeit mit meinem Freund Maximilian waren. Das ist wieder in mir lebendig geworden. Ich bin nicht dazu da, einem Dichter meine privaten Erfahrungen zu oktroyieren. Das mag ich nicht. Obwohl ich sicherlich zu den schamlosesten Schauspielern gehöre, bitte ich, gewisse Grenzen zu akzeptieren. Auch als ich am Strand von Zypern als Jago nicht onanieren wollte und Peter Zadek und dem Ensemble deutlich erklärt habe, warum. Die Scham eines Schauspielers, wenn er sie in einer gewissen Situation empfindet, muß beachtet werden. Obwohl ich bereit bin zu einem gewissen Exhibitionismus, der sich auf einer anderen Ebene abspielt. Es gibt eine Schamlosigkeit, einen Exhibitionismus, der immer wieder ein berechtigtes theatralisches Mittel ist.

Es sind ja nach mir Schauspieler gekommen, die gar keinen Wert darauf legen, daß man Scham hat.

Das hat sicherlich eine Qualität der – wenn ich das Wort mißbrauchen darf – Peinlichkeit, auch wenn es spekulativ ist. Kunst ist ja auch ein Gebilde, das zum großen Teil aus Spekulation besteht. Was könnte wirken? Warum nicht? Warum ist Lulu von Wedekind oben ohne? Das hat ja mit der fulminanten Aufführung von Zadek zu tun. Aber es erschöpfte sich bei ihm nicht in der Nacktheit und vor allem nicht bei ihr. Dazu ist Susanne Lothar eine viel zu bedeutende Schauspielerin, ein Komet am Theaterhimmel. Bei einer anderen würde sich das schon nach fünf Minuten totlaufen, weil man sich daran gewöhnt hat. Aber bei ihr kam eine schauspielerische Leistung dazu, die grandios war.

Die Nacktheit auf der Bühne kam aus England und Amerika, ehe sie sich in Deutschland durchsetzte, jedoch meist ohne Begründung, ohne Motiv, ohne Notwendigkeit. Schleef war da sicher eine Ausnahme, weil das Teil eines Konzepts war.

Bis auf zwei Ausnahmen habe ich bei allen anderen Schriftstellern den Eindruck, daß die Intimität oder das, was man Erotik oder Sexualität nennt, *zwischen* zwei Szenen liegt. Es geht darum, in den Szenen das darzustellen, was zwischen den zwei Szenen möglich wäre.

Bei vielen Regisseuren wird die Liebesnacht in *Romeo und Julia* gezeigt, nicht bei Shakespeare. Durch dieses Zeigen wird dem Zuschauer die Möglichkeit genommen, sie in seiner Phantasie zu erleben.

Der sogenannte Geschlechtsverkehr auf der Bühne, das ist genauso blöd wie die Idee von Zadek, als er bei *Othello* das ganze Ensemble gebeten hat, mit ihm ins »Salambo« zu gehen, wo einige pornographische Darbietungen stattfanden, die so langweilig waren, wie Gott sie erschuf. Weil sie auch schon ihre hundertste Vorstellung hatten, und das dreimal am Tag.

In Peter Steins Strauß-Inszenierung *Der Park* saß ich während der Proben immer im Zuschauerraum, weil ich die Arbeit so spannend fand. Titania erscheint. Wir waren drei Tennisspieler, denen sie ihren Körper zeigt. Jutta Lampe hat einen sehr schönen Körper. Auf diesen Proben, wo sie von oben herunterkam, haben sie immer andere Kostüme ausprobiert, bis Peter Stein auf die Idee kam, daß das keuscheste Kostüm ein Kimono sei. Er übte mit ihr, wie er zu öffnen sei.

Sie hat ihn mit einer Hand geöffnet und mit der anderen geschlossen. Das wiederholte sie. Der Wechsel von den beiden Teilen des Kimonos ging ganz langsam vor sich und war außerordentlich erotisch. Stein sagte einen Satz, der mir unvergeßlich ist, er sprach von Stripteasetänzerinnen, die zu ihrem Bewußtsein der erotischen Ausstrahlung den Blick einer Madonna haben. Das spielte sie grandios, eine heilige Hure. Eine Feenkönigin, die mit allen Mitteln Oberon herbeiruft, der entschwunden ist. Stein hatte dazu eine alte Ufa-Melodie gewählt. Durch die Mitte des Vorhangs ist Titania aufgetreten. Er hatte mich gebeten, aufzustehen, zu salutieren und zu spielen: Diese Frau habe ich irgendwo schon gesehen, vielleicht im vorhergehenden Bild – und dann setzte ich mich wieder. In diesem Moment ging sie die erste Stufe der Treppe herunter, mit einem ungeheuren runden Strohhut, der wie ein Mond aussah. Mit dem ersten Schritt auf die Stufe spielte der Pianist: »Eine Frau wird erst schön durch die Liebe, ganz allein nur durch die Liebe.« Sie kam herunter, ging an Oberon vorbei, weil sie ihn nicht mehr erkannte. Da war die Erotik einer Frau so präsent, wie das verführerischer nicht geht.

In meiner Jugend am Reinhardt-Seminar bin ich nachts auf der Kärntner Straße der Johanna Matz und ihrem Mann begegnet. Sie luden mich ein, mit ihnen ins »Moulin Rouge« zu gehen. Dort trat die beste Stripteasetänzerin auf, die ich je sah: Eine Frau trat auf die Tanzfläche in einem riesigen Chiffonmantel. Im Scheinwerferlicht war unter dem Mantel der begnadetste Körper zu erblicken, den man sich vorstellen kann. Ganz langsam zog sie unter diesem Chiffonmantel ihren BH aus und warf ihn auf einen Tisch, dann legte sie die Schuhe, die Schmuckstücke auf die Tische. Und schließlich den Slip. In dem Moment dachtest du: Jetzt fällt der Chiffonmantel. Aber er fiel nicht. Sie hat ihn um sich geschlungen und ging. Das war unbeschreiblich.

PRINZIP ZERSTÖRUNG

1976 habe ich mit Zadek noch einmal eine Arbeit begonnen. Zadek kam zur Premiere von *Was ihr wollt* nach Hamburg, wo ich den Malvolio spielte. Er sagte: »Diese Art von Rollen ist nicht richtig, du mußt Bösewichter spielen.« Er besetzte mich als Jago in *Othello*. Ich reiste elf Tage nach Probenbeginn ab. Viele haben gesagt, das wäre ein Fehler, sie dachten,

ich würde wegen der vielen pornographischen Szenen weggehen. Das war nicht das Ausschlaggebende. Er hatte ein Gespräch mit mir begonnen. Er hat jeden Tag zu mir gesagt:
»Du langweilst mich.« Wenn ihm langweilig war, wurde er
nervös. »Wenn ich dich langweile, warum besetzt du mich
dann?« fragte ich ihn. – »Ich habe noch nie einen Menschen
kennengelernt, der so wie du das Prinzip der Zerstörung, auch
der Selbstzerstörung übt, deshalb habe ich den Jago mit dir
besetzt.« Ich habe ihm das Buch hingelegt: »Ich gebe ihn dir
zurück.« Damals fand ich seine offene Art verstörend. Ich
fühlte mich in der tiefsten Weise bloßgestellt. Er sagte: »Jetzt
zerstörst du wieder etwas.« – »Ja, aber diesmal bewußt.« Er
bat mich, mit ihm, dem Ensemble und Ivan Nagel darüber zu
sprechen – zwei Tage und Nächte. Dann kamen zwei ver-
hängnisvolle Sätze von Ivan Nagel. Der erste: »Wenn du den
Jago zurückgibst, lösen wir den vierjährigen Vertrag.« – »Er
ist gelöst.« – Der zweite: »Wenn du mir wenigstens den
Dienst erweisen könntest, krank zu werden.« – »Den Gefallen kann ich dir nicht tun.« Ich war sieben Monate arbeitslos,
dann kam Meisel und sagte: »Komm zurück.«

Zadek hat mich immer mit sehr viel Noblesse behandelt,
hat mir immer wieder Angebote gemacht. Das letzte war *Ros-
mersholm* am Burgtheater, aber ich bin krank geworden. Später bin ich in eine Vorstellung gegangen. Zadek saß hinter
mir. Nach der Vorstellung beugte er sich nach vorne: »Jetzt
kannst du sehen, was du versäumt hast, du Arschloch.«

Ein anderer hätte kein Wort verloren. Diese offene Art ist
sehr selten. Von ihm stammt ja auch der Satz über mich: »Ein
wunderbarer Schauspieler, aber auch ein Idiot.«

Ingmar Bergman

Bergmans erste Inszenierung am Residenztheater war *Traumspiel* von Strindberg. Er hatte das schon viermal inszeniert, und in München wurde es wieder nicht so, wie er es sich wünschte.

Vor der Leseprobe sah er *Hamlet* und *Puntila,* wo ich nicht besetzt war. Ich hatte das Gefühl, wenn er mich nicht sieht, kann er mich nicht besetzen. Deshalb habe ich zu Meisel gesagt: »Bitte doch den Herrn Bergman, in den Kabarett-Abend zu gehen.«

Ich habe gefragt, wo er sitzt. – »In der letzten Reihe, ganz links, mit seiner Frau.«

Ich habe ein Gedicht von Piscator über Brecht gesprochen und mich mit der Zeile »Für tausend Reichsmark pro Abend zeigt er uns das Elend der Welt« zu ihm gewandt. Da hatte ich gewonnen und war besetzt. Michael Degen war der Dichter, Kurt Meisel der Offizier und ich der Advokat.

Die Leseprobe war zu Ende. Ich habe gefragt, ob ich ihn sprechen dürfe. »Ja, bitte.« – »Ich finde uns drei total falsch besetzt.« – »Inwiefern meinst du denn.« – »Na ja, wir spielen jeder Rollen, die nicht die unsrigen sind, wenn ich das so sagen darf.« – »Das darfst du schon so sagen. Ich dachte mir, wenn jeder Schauspieler die Aufgabe hat, jemanden zu spielen, der mit seinem Leben nicht zurechtkommt, ist es interessant, den Schauspieler zu sehen, der Schwierigkeiten hat, mit seiner Rolle zurechtzukommen. Ihr seid mit Aufgaben betraut, mit denen ihr nichts zu tun habt, und seid dadurch in meinen Augen zum Scheitern verurteilt. Da das schwierig ist für den Schauspieler, muß das etwas ergeben.« – »Das ist ja hochinteressant.«

Ich ging. Ich hatte aber noch den Meisel und den Degen

aufgeputscht und gesagt: »Geht doch auch zu ihm und sagt, daß wir falsch besetzt sind.« Sie wollten aber nicht. Sie waren mit ihren Rollen zufrieden.

Acht Tage vor der Premiere wurde ich umbesetzt. Ich ging nach Hause und bat meinen Freund Maximilian: »Maximilian, setz dich an die Maschine und schreibe: ›Ich erbitte eine dpa-Meldung zu bringen: Herr Walter Schmidinger hat den Regisseur Ingmar Bergman gebeten, in August Strindbergs *Ein Traumspiel* nicht mehr mitwirken zu müssen, da er sich nicht in der Lage sieht, diese Aufgabe zur Zufriedenheit von Ingmar Bergman zu erfüllen.‹«

Ich fragte Bergman: »Ingmar, bist du einverstanden mit dieser Meldung? Ich glaube nicht, daß es gut ist, wenn du als Regisseur bei deiner ersten Regie in Deutschland einen Schauspieler umbesetzt. Das wirft kein gutes Licht auf dich. Laß mich aus dieser Inszenierung gehen. Aber ich bin jeden Tag auf der Probe, das mache ich zur Bedingung. Denn die Ausrede, daß ich krank bin, die kannst du nicht haben. Hast du mich verstanden?« – »Ja, ich habe verstanden.«

So blieb ich auf der Probe. Während der Zeit wurde ein Dokumentarfilm gedreht: Ingmar Bergman inszeniert Strindberg. Ich gab ein Statement: »Meine Damen und Herren. Ich spiele ab heute nicht mehr in diesem Stück. Es gibt Aufgaben für einen Schauspieler, die ihn so mit Angst erfüllen, daß er das, was von ihm gefordert, erwartet, gewünscht wird, aus Angst nicht mehr erfüllen kann. Das ist kein guter Zustand, und so habe ich Herrn Bergman gebeten, aus dieser Arbeit hinausgehen zu dürfen.« Worauf Margarethe von Trotta im Wirtshaus auf mich zukam und sagte: »Was Sie da über die Angst der Schauspieler gesagt haben, dafür muß man Ihnen danken«.

Ich hatte perfekt mit der Wahrheit gelogen, aber was bleibt

einem übrig, wenn dich jemand nicht will? Dann muß man ja bei aller Verehrung darauf achten, daß nicht er es ist, der dich wegschickt. Drei Monate später haben wir miteinander geredet, und er sagte: »Walter, jetzt sage ich dir die Gründe. Nicht nur du hattest Angst, sondern ich auch. Sie haben mir alle gesagt, du bist Alkoholiker und nimmst Drogen. Dann waren unsere Proben so schlimm für mich, weil du jeden Tag neue Ideen hattest, immer neue Angebote gemacht hast, ohne das, worum ich dich gebeten hatte, zu spielen oder zu proben. Du hast immer alles wieder verworfen und bist mit neuen Dingen angekommen.« – »Ja. Ich hab' mir immer gedacht, einem so großen Regisseur wie dir kann das, was ich vorspiele, nicht genügen, es wäre eine einzige Enttäuschung für dich. Deshalb kam ich immer wieder mit neuen Vorschlägen. Und ich saufe sehr viel – ja. Das tue ich. Aber ich bin nie besoffen auf einer Probe gewesen. Du hast überhaupt keine Möglichkeit, etwas gegen mein privates Leben zu sagen. Im übrigen habe ich nie in meinem Leben Drogen genommen. Ich nehme Medikamente gegen meine depressive Erkrankung. Wenn du dir anhörst, wie Kollegen mich bei dir schlechtmachen, mein lieber Ingmar, hätte dich das verpflichten müssen, mit mir zu reden. Aber jetzt weiß ich deinen Grund. Und *Traumspiel* ist ja lange vorbei.« – »Ja, Walter, willst du den Helmer spielen?« – »Nein. Ich mach' mit dir nichts mehr.« – »Und warum?« – »Das kann ich dir schon sagen. Ich habe so viel Mißtrauen von dir nicht verdient. Ich habe nicht verdient, daß du auf Gerüchte und Tratsch hörst. Und ich habe nicht verdient, daß du mich umbesetzt. Ich habe mir von dieser Arbeit etwas ganz Wichtiges versprochen. Aber den Helmer spiele ich nicht.«

Dann habe ich in *Tartuffe* den Orgon mit großer Freude gespielt. Das Ganze war eine ziemliche Kasperliade – als hätte

Mit Ingmar Bergman bei den Dreharbeiten von
Aus dem Leben der Marionetten, *1980*
Photo Filmbildfundus Robert Fischer

ein Schwede Überreste der Commedia dell'arte mit Deutschen inszeniert. Bei der Generalprobe gab es riesigen Jubel. Am Premierenabend hat kein Mensch gelacht. Die Schauspieler machten eine Atempause vor dem Weitersprechen, wo bei der Generalprobe Lacher waren, aber es war Stille.

Tartuffe war, wie jeder Tag mit Bergman, gewiß ein Gewinn, ein Glück, auch wenn es schlimme Tage waren. Sein Metier ist unter anderem die Intrige. Er kann mit seinem übergroßen psychologischen Meisterverstand in die Privatsphäre von Schauspielern dringen und sie dadurch völlig irritieren, fast zerstören.

Er hat über die Figuren auf eine Art und Weise erzählt, daß ich nie wußte: Meint er die Figur oder mich. Ich fühlte mich getroffen, durchschaut. Er sprach über Macht, die Menschen auf andere ausüben. Da sagte Christine Ostermayer: »Ich habe noch nie in meinem Leben Macht über jemanden gehabt.« – »Aber du hast doch deinen Mann«, sagte Bergman. Die Ostermayer war perplex. Sie war aber auf eine Art und Weise getroffen, die das Nachdenken über die Rolle beflügelte. Für mich war es ein quälender Vorgang; doch hatte ich immer das Glück, mich zur rechten Zeit zu entziehen.

Er ist ein Mann, der im Leben der Schauspieler, der Menschen überhaupt umgeht. Ein böser Geist.

Kunst und Verführung

Ingmar Bergman machte mich auf etwas aufmerksam, worüber ich verwundert war: Ich sei für ihn der Prototyp des Verführers. Deshalb wollte er mit mir in Salzburg den *Don Juan* von Molière inszenieren: »Du erinnerst mich an mich – so war ich vor fünfundzwanzig Jahren.«

Don Juan hatte den Trieb, den Dämon des Verführens –

und in dem Moment, wo eine Frau der Verführung erlegen war, erlosch in ihm die Begierde.

Ich hatte mir immer vorgestellt, daß Don Juan als wesentliche Attribute Jugend und Schönheit besitzen muß. Bergman erklärte mir, wie er sich das vorstellt. Da dieser Mythos seiner Meinung nach nicht auf die Bretter zu bringen ist, wollte er, daß man die Legende Don Juan zeigt und durch die handelnden Personen die Faszination, die diese Legende ausgeübt hat. Das schien mir noch schwieriger, unmöglicher. Vor allem aber die Angst, etwas zu zeigen, was im Intimsten mit mir zu tun hat, war der eigentliche Grund, warum ich mich verweigert habe. Weil es mir nie genügt hat, auf der Bühne zu verführen.

Menschen mit allen Raffinessen zu verführen, kann sehr reizvoll sein. Andererseits geht es ja nicht nur um Verführung, sondern um Nähe. Die Nähe ist nicht erzwingbar; sie zu erreichen gelingt selten, eine Erfahrung mit vielen Enttäuschungen. Und wenn es einem noch so oft gelingt, einen Menschen zu gewinnen, so ist die Traurigkeit über die fehlgeschlagenen Versuche größer. Die Kraft zu verführen, wird schwach und läßt nach.

Liebe, Erotik, Sexualität sind für mich völlig getrennte Lebensformen, Liebesformen. Ich glaube nicht, daß der Unterschied, mit einer Frau zu leben oder mit einem Mann, so groß ist.

Mir wurde die Chance gegeben, eine Liebe anzunehmen. Das merkte ich erst, als der erste Überschwang der Verliebtheit vorüber war. Scheinbar reduzierte sich das Leben mit Maximilian auf banale Alltäglichkeiten, aber diese Alltäglichkeiten waren bei ihm von Liebe und Nähe getragen. Ich habe fünfundzwanzig Jahre die Liebe kennen gelernt, mit allen furchtbaren und allen schönen Dingen. Irgendwann habe ich, der Herr Schauspieler, begriffen, daß diese Liebe wichtiger sein könnte als die Theaterspielerei.

REGISSEUR FEUERT THEATER-STAR

Die nächste Inszenierung mit Bergman war Gombrowicz' *Yvonne, Prinzessin von Burgund.* Wir hatten einen Krach, bei dem er recht hatte. Ich spielte den König, wir standen alle in einer Reihe parallel zur Bühnenrampe. Nach Philipps: »Vater, ich habe dir Yvonne mitgebracht, um sie dir vorzustellen«, sagte ich: »Du sagst ja immer, wenn man mit einem Arrangement nicht glücklich ist, kann man sich melden. Ich seh' die Yvonne nicht.« – »Ja, was willst du?« – »Ich will hinübergehen, will sie mir von Kopf bis Fuß anschauen, und während ich zurückgehe, kotze ich, so wie es im Text steht.« – »Man kann auf der Bühne etwas sehen, ohne daß man es sieht.« – »So eine dumme Bemerkung habe ich von einem gescheiten Regisseur noch nie gehört.« Am nächsten Tag kam er und sagte: »Heute nacht habe ich überlegt, ob ich mit dir noch einmal arbeite.« Darauf ich, im Größenwahn: »*Du* überlegst dir, ob du mit *mir* arbeiten willst! Überleg's dir. Aber ich warne dich, *ich* überdenke, ob ich mit *dir* arbeiten will. Ich warne dich!« Dann ging es los. Wir haben uns alles an den Kopf geschmissen, was wir Jahre hindurch aus gegenseitiger Liebe und Achtung verschwiegen hatten. Es war grauenvoll. Karla Hagen stand dazwischen: »Das dürfen Sie nicht sagen. Das dürfen Sie nicht sagen.« Am Schluß sagte Bergman: »So Walter, jetzt haben wir uns alles gesagt. Jetzt wollen wir das vergessen.« – »Nein. Nein, ich kann überhaupt nichts vergessen. Vor allem nicht die Dinge, die mit dir zu tun haben. Dann würde ich die schönsten Dinge meines Lebens vergessen. Aber daß ich die schlechten vergesse, das geht überhaupt nicht. Ich kann dir das verzeihen, was du mir an den Kopf wirfst. Das geht eventuell.«

Ich ging zu Meisel: »Das spiel' ich nicht.« – »Du hast mich verraten. Walter, was du da wieder angestellt hast!«

Uschi Lingen war die einzig Vernünftige: »Walter, du liebst ihn doch. Geh saufen, morgen früh gehst du unter die Dusche, nimmst deine beste Krawatte und gehst auf die Probe und redest mit ihm. Ihr seid doch alte Pferde.«

Am nächsten Morgen gehe ich mit Krawatte auf die Probe, aber niemand war da. Niemand. Kein Schauspieler, keine Souffleuse, kein Regisseur.

Ich ging zu Meisel, der sagte: »Du bist umbesetzt.«

So ging ich wieder nach Hause. In der Zeitung prangte eine einzige Schlagzeile auf dem Titelblatt, der »Abendzeitung«: Regisseur feuert Theater-Star.

Karla Hagen gab die Rolle zurück: »Ich habe die Rolle zurückgegeben, weil ich die Rolle übernommen habe wegen dem Kollegen Schmidinger.« Ich fand, daß der Zirkus immer absurdere Formen annahm. Die Auseinandersetzung fiel in den Übergang der Intendanz von Kurt Meisel zu Frank Baumbauer. Ich spielte noch den Shylock in *Der Kaufmann von Venedig,* obwohl es so aussah, als würde diese Inszenierung nicht zustande kommen. Diese Arbeit war eine Katastrophe. In der Pause sollten wir dank einer der unglückseligen Ideen des Regisseurs aus dem Foyer auftreten. Als wir in der Premiere in den Zuschauerraum gingen, verließen Peter Zadek, Dieter Dorn und Daphne Wagner diesen gerade.

Ich sagte damals zu Peter Zadek: »Ach Gott, jetzt geht der letzte Jude auch noch, jetzt wird es schwer.« Dorn schrieb mir einen Brief:

70 Pfennig — **Samstag, 8. Oktober 1983**

Abendzeitung

mit TV-Beilage

AZ-Serie:

Ein Ehemann zweifelt: Ist das Baby von mir?

Regisseur Bergman feuert Theater-Star Walter Schmidinger

Schmidinger

Münchner Kammerspiele, Dieter Dorn am 15.1.84.

Lieber Walter! Wir haben alle einen Riesenschreck bekommen in Deiner Premiere, als Du plötzlich, durch den Zuschauerraum auftretend, vor uns standst. Ich möchte mich hier für den Schreck und die Enttäuschung, die Du vielleicht empfunden haben magst, in einer für Dich schwierigen Premiere, Arbeitssituation, entschuldigen. Auch in Daphnes Namen. Dabei habe ich, so diskret es irgend ging, versucht, das Theater zu verlassen. Es ging schief. Ein Alptraum. Trotzdem! In der Sache würde ich wieder so handeln müssen. Du weißt, daß ich so gut wie nie in der Pause gehe, aber es war mir physisch und psychisch unmöglich zu bleiben. Ich hatte das Gefühl, sonst kein Theater mehr machen zu können. Das geht sicher auf das Konto des Herrn Kirchner und einer Reihe kläglicher, oder jedenfalls kläglich geführter Schauspieler, aber auch Du Walter, solltest endlich aufhören, Dein ungeheures Talent in Theaterreihen verkommen zu lassen. Gut sind wir auch nicht, glaub mir. Ich weiß das. Aber diese Hinrichtung des Elisabethaners hätte ich als Schauspieler nicht zugelassen, als Intendant würde ich den Abend nicht zeigen. Verzeih mir!
  In Liebe Dein Dieter, der Dich umarmt

Ich habe nie ein Wort darüber verloren. Ich habe aber diesen Brief aufbewahrt, weil ich der Meinung bin, daß man so etwas nicht schreibt. Wie wir miteinander umgehen, so schauen wir aus. Wenn er wenigstens erwähnt hätte, daß mit Martin Benrath ein gigantischer Schauspieler als Antonio oben gestanden ist, an dem wir uns mehr hätten orientieren sollen, dann hätte so ein Brief helfen können.

Umgangsformen

Doch Dieter Dorn und Peter Zadek haben sich davongeschlichen. Die Umgangsformen sind verkommen. Daß man in den Theatern, vor allem in Berlin, bei Premieren nicht die gesamten Schauspieler sieht, ist eine Blamage. Sie haben anzutreten, um bei der Premiere einem anderen Ensemble die Ehre zu erweisen. Und zwar elegant. Solche Premieren habe ich noch erlebt, wo nicht nur die Aufführung, sondern auch das Publikum erstklassig war. Da saßen Fritzi Massary, Jürgen Fehling, Minetti, die Hoppe und alles, was Rang und Namen hatte, in der Vorstellung. Das gehörte zur Feierlichkeit eines künstlerischen Ereignisses. Das ist nicht mehr. Ich versuche, es mehr zu pflegen, daß man anwesend ist und wenigstens Interesse bekundet. Man muß nichts loben, nichts in den Himmel heben – aber wenigstens Interesse zeigen.

Hinzu kommt eine Unmenge von Eitelkeiten. Es ist lächerlich, wenn Peter Zadek sein Weggehen vom Berliner Ensemble mit den Naziritualen von Einar Schleef begründet. In seinen eigenen Inszenierungen hat ihn so etwas nie gestört, er war nie empfindlich in solchen Dingen.

Von Ingmar hatte ich nichts mehr gehört. Immer am 21. März, dem Geburtstag meiner Mutter, leiste ich mir etwas, es ist wie ein Ritual. Ich hatte in Strindbergs Stück *Aus dem Leben der Regenwürmer* den Dichter Hans-Christian Andersen im Vertrag. Dann hörte ich, daß Heinz Bennent den spielt. Am Geburtstag meiner Mutter bin ich auf die Probebühne. Da waren sie alle versammelt, Christine Buchegger, Annemarie Wernicke, Horst Sachtleben, Heinz Bennent, die Souffleuse, Assistenten en masse und Ingmar: »Guten Tag, Ingmar«, sagte ich, »daß du den Andersen mit dem Heinz besetzt hast, das ehrt mich. Das Klavier steht falsch. Im Stück steht

Shylock in Der Kaufmann von Venedig (*mit Martin Benrath*)
Regie Alfred Kirchner, Residenztheater München 1984
Photo Winfried Rabanus

es links, bei der Tür. Das macht jetzt auch wieder überhaupt nichts. Habt ihr schöne Proben?« Ich stand wie festgewurzelt und ließ jeden Satz wirken. Tödlich. Es war wunderbar. Dann ging ich langsam, habe mich noch einmal umgedreht und zur Christine Buchegger gesagt: »Wir sind seit zehn Jahren Freunde, Christine. In schlimmsten und in besten Zeiten. Dir steht es zu, zu sagen: ›Es tut mir leid, Walter, daß *Der Kaufmann von Venedig* nicht zustande kommt.‹ Du bist verpflichtet dazu. Ich weiß, das ist euch allen sehr unangenehm. Auf Wiederschaun, tschüs. Grüß Gott.«

Später habe ich Bergman einen Brief geschrieben, einen ziemlich ausführlichen Brief: daß ich ihm immer danke für jedes Gespräch, für jeden Blick und daß ich mir wünsche, daß er das weiß. Daraufhin schickte er mir seine Memoiren mit seiner Unterschrift und der Widmung: »Con amore, Ingmar«.

Er ist ein Mann, der den Gegensatz herausfordert. Weil er weiß, daß durch ein gewisses Aufgerissensein, ein gewisses Verwundetsein die Strömungen anders fließen. Das ist auch bei Peter Zadek so. Solange man den Humor dabei nicht verliert und bereit ist, diese Art von Kritik oder Demütigung anzunehmen, kommt man weiter.

Shylock war meine letzte Rolle am Residenztheater, Baumbauer und ich lösten den Vertrag. Maximilian war natürlich sehr niedergeschlagen. Denn wir saßen nun in München ohne Engagement: »Jetzt hast du niemanden, der mit dir arbeiten will. Du bist doch in einer schlimmen Situation.« Ich sagte: »Wir – nicht ich. Wir, die wir uns dauernd vorspielen, wir hätten keine Existenzangst.« Drei Tage später rief Peter Stein an und machte mir ein Angebot. Ich sagte: »Siehst du, Maximilian, jetzt geht es wieder wunderbar.« So sind wir nach Berlin gezogen. Kurze Zeit später fiel Maximilian vom Pferd, hat sich zwei Rückenwirbel angebrochen. Ich bin in der Schaubühne in einer Versenkung, die hochfuhr, mit den Zehen hängengeblieben. Der Lahme und der Krumme.

BERLIN 1984;
ZWISCHENSPIEL AN DER SCHAUBÜHNE

Berlin war eine Umstellung. Auch weil ich vorher zwölf Jahre an einem Theater war, wo mir das Publikum gewogen war, was mich beflügelt hat. Plötzlich kam ich in eine Stadt, in der mich keiner kannte, 1984 zuerst an die Schaubühne, um in Peter Steins Inszenierung *Der Park* von Botho Strauß zu spielen – mit Bruno Ganz, Jutta Lampe und diesem wunderbaren Ensemble.

Peter Stein ist für mich ein ganz wichtiger Theatermann, sowohl als Intendant wie auch als Regisseur. Er ist der Entdecker von vielen Schauspielern, die heute mit Recht in allererster Reihe stehen. Er hat wesentliche Autoren wie Botho Strauß für die Bühne entdeckt, und er hat die Schaubühne mit Brechts *Mutter* mit Therese Giehse in der Titelrolle eröffnet.

Als Regisseur ist er für mich ein Glück gewesen, weil er nicht nur ein Stück, eine Rolle erarbeitet hat, sondern weil er versucht, das Stück vom Dichter her zu erkunden, was meiner Auffassung von Theater entspricht, was den Traditionslinien entspricht, denen ich mich, von Helene Thimig angefangen, verbunden fühle. Dabei haßte er rein äußerliche Effekte. Er ist einer der wenigen Regisseure, die ununterbrochen an sich zweifeln. Was er aber nicht zeigt, damit wir Schauspieler nicht verunsichert werden. Der Cherub, der manchmal eine Bestie ist. Zuckerbrot und Peitsche. Er liebt das Theater und seine Schauspieler. Natürlich gehört viel Mut dazu, mit ihm

Theater zu machen, denn es ist das Schwerste, daß man nur dem Dichter dient und nicht der eigenen Eitelkeit und Erfolgssucht. Er ist dem Theater gegenüber demütig. Er hat Bondy, Grüber, Wajda und Wilson neben sich geduldet. Diese Haltung gibt es sonst nicht. Er hat sich jahrelang der Presse verweigert. Er fand das immer degoutant, sich über Dinge zu äußern, von denen die Presse keine Ahnung hat. Dafür hat sich die Presse gerächt. Er galt als ein politischer Regisseur. Aber er hat sich nie so gesehen. Er fand immer, daß er ein konventioneller Mann sei. Er verträgt Kritik, er hat auch ein Ohr dafür. Solche Kritik muß aber helfen, der Sache dienen, den Schauspielern helfen.

Als ich in der Schaubühne aus *Hiob* von Joseph Roth las, waren viele Schauspieler der Schaubühne anwesend, auch Peter Stein. Danach sind wir Essen gegangen. Stein hat eine ausführliche zweieinhalbstündige Kritik gemacht, die gar nicht so sehr die Lesung, sondern mich betraf. Da saß ich, und hab' mir gedacht: Das ist ja das Tollste, was ich seit Fritz Kortner gehört habe. Die anderen haben sich sehr gewundert und waren erstaunt, daß ich diese Kritik so dankbar und heiter aufgenommen habe.

Er sagte: »Wenn du liest, so wie es dort steht, ohne Interpretation, ohne irgendwelche Färbungen der Sprache, ohne eigene Anteilnahme an dem Geschehen, bist du unschlagbar in Europa. Wenn du jetzt beginnst, die einzelnen Charaktere zu charakterisieren, und statt einer Lesung ein Kammerspiel auf die Bühne bringst, dann verlierst du. Da sagt man: Schau, wie er variiert, wie er verschiedene Charaktere formt. Da bewundert man dich und nicht Joseph Roth. Wenn es dir gelingt, daß einmal jemand sagt: Das Werk, das Sie heute gelesen haben, ist wunderbar, dann hast du alles erreicht.« – Ja, das ist mir nur zweimal geschehen.« – »Ja, und woher kommt

Cyprian in Der Park *(mit Bruno Ganz)*
Regie Peter Stein, Schaubühne Berlin 1984
Photo Ruth Walz

Cyprian in Der Park *(mit Libgart Schwarz und Peter Simonischek)*
Regie Peter Stein, Schaubühne Berlin 1984
Photo Ruth Walz

das?« – »Ich hatte kein Vertrauen.« – »Zum Werk oder zu dir?«
– »Zu mir!« – »Gehen wir jetzt zu deiner Gestik über. Du hast
Gesten, Bewegungen, die sind von einer so absoluten Männ-
lichkeit, wie ich sie nie an dir vermutet hätte. Sind dir diese
Gesten bewußt?« – »Nein. Nein.« – »Dann werde ich dich auf
einige dieser Bewegungen hinweisen.«

Er spielte das vor. Dann sagte er: »Ich höre auch, daß Leute schon dreimal Joseph Roth von dir gehört haben, und jedesmal glauben sie, es wäre ein anderer Roman. Liest du ihn
jeweils nach einer Stimmung oder nach einem Gefühl? Du
müßtest das neu lesen, damit es sich nicht so automatisiert.«
– »Eigentlich ist es so, daß ich es jedesmal neu lesen will, aber
ich werde lauter oder schneller, wenn ich spüre, daß das Zuhören nachläßt.«

An der Schaubühne kam eine Zeit nach fünfundzwanzig,
dreißig Jahren, wo man sich zu gut kannte, zuviel voneinan-
der wußte, als das Erneuerungen möglich waren. Kreativität
erlischt, wenn man an den Erfolg und an das Publikum gewöhnt ist.

Viele Schauspieler hatten vergessen, was sie Peter Stein ver-
danken, hinzu kam der immerwährende Erfolg – das tut kei-
nem Ensemble gut.

1985 verkündete er, daß er die Direktion aufgeben wird, das
war ein Schock besonderer Art. Sie waren in dieser Situation
besonders gekränkt, da er es ihnen nicht persönlich mitgeteilt
hatte, sondern während eines Gesprächs mit Schülern. Ich
habe während der Proben die Schauspieler gefragt, was sie
unternommen hätten. Man hat mit mir nicht darüber gesprochen, weil ich neu war.

Ich ging mit ihm auf einen Kaffee und sagte, daß ich es
schade fände, daß ich nicht schon seit 1965 an der Schaubühne sei. Denn dann hätte ich sagen können, wenn du gehst:

Wahrsager in Julius Caesar *(mit Elisabeth Orth)*
Regie Peter Stein, Salzburger Festspiele 1992
Photo Ruth Walz

Probe mit Peter Stein als Habakuk in
Der Alpenkönig und der Menschenfeind
Regie Peter Stein, Salzburger Festspiele 1996
Photo Bernd Uhlig

»Sage alles, was dich stört, und sage alle deine Wünsche, wir werden sie dir erfüllen, aber bleibe hier.« Da sagte Stein: »Wenn ein Mensch in dem Ensemble so gesprochen hätte wie du jetzt, wäre ich geblieben.«

1984–1993;
SCHILLER-THEATER – MINETTI

Fast dreißig Jahre nachdem wir gemeinsam in Düsseldorf auf der Bühne standen, habe ich am Berliner Schiller-Theater wieder mit Bernhard Minetti gespielt.

Wir spielten zusammen am Schiller-Theater in *König Richard II.* unter der Regie von Hans Peter Cloos. Er war der Herzog von Gaunt. Die einzig wirklich große Leistung in dieser Inszenierung, phänomenal.

Ich habe den Richard gespielt. Auch da gab es, wie immer, Auseinandersetzungen mit Minetti und ein Aufeinanderprallen verschiedener Auffassungen, die ich mit großer Freude hingenommen habe, obwohl ich mir manchmal dachte: Morgen töte ich ihn. Ich weiß nicht die Todesart, aber ich töte ihn. Denn seine Art, Auseinandersetzungen auf Proben zu führen, war nicht die angenehmste.

Als jüngerer Schauspieler habe ich entdeckt, daß er die Geometrie des Theaters beherrscht: Sich in einer Situation, in seiner Rolle in die günstigste Position im Raum zu bringen, ohne Rücksicht auf den Partner oder das Gesamte der Szene. Durch ihn habe ich etwas von der Geometrie des Theaters begriffen. Er hat sich durchgesetzt aufgrund seiner starken Persönlichkeit und weil ich meistens aufgegeben habe und zu müde war, über Dinge zu streiten, die mir im Grunde genommen nicht wichtig erschienen.

Im Gegensatz zu seinem manchmal schwierigen Agieren

auf der Probe war er privat in der Lage, in einer angenehmen Weise Kritik zu üben an dem, was am Tag erarbeitet worden war. Man ging am Abend essen, und da konnte er ruhig und sehr liebevoll sein.

Aus seiner Bildung, seinem Wissen über Theater, Malerei, seiner Persönlichkeit erwuchs eine große Bühnenintelligenz. In Heiner Müllers Inszenierung von Brechts *Arturo Ui* hat er so intelligent die Szene geführt, daß Martin Wuttke als Ui nie den Platz hatte, den Szenenapplaus der Zuschauer entgegenzunehmen. Das hätte er damit begründet, daß man Szenenapplaus deshalb nicht aufkommen läßt, damit er sich am Ende der Szene wie ein Orkan entlädt, was natürlich intelligenter ist.

Anders als mit Werner Krauß habe ich mich mit Minetti nie über die Nazizeit unterhalten. Es war ja so, daß alle möglichen Schauspieler mir immer wieder ins Ohr geflüstert haben, Minetti sei während der Hitlerzeit Nazi gewesen. Ich habe aber nie einen jüdischen Schauspieler gehört, der über Minettis Eintreten für die Nazis geredet hätte. Die Juden kamen aus der Emigration zurück und wollten in ihrer Sprache den Beruf, den sie so viele Jahre hatten vernachlässigen müssen, ausüben. Sie kamen nicht, um einem Nationalsozialisten Schuldzuweisungen zu erteilen. Sie kamen auch nicht, um ihr eigenes Schicksal anzuklagen. Sie kamen weder, um zu verzeihen, noch, um zu vergessen, und sie kamen nicht, um darüber zu reden. Sie kamen alle mit dem Wunsch, in Deutschland zu arbeiten für eine kommende Generation. Fritz Kortner war der erste nach dem Krieg, der Bernhard Minetti nach Frankfurt gebeten hatte, *Graf Öderland* von Max Frisch zu spielen. Da brauchte Stroux gar nicht Elisabeth Bergner zu fragen, ob sie mit Minetti *Eines langen Tages Reise in die Nacht* spielt. Ich glaube, daß die Entnazifizierung durch die jüdischen Schauspieler stattgefunden hat.

Diener Richard in Elisabeth II. *(mit Kurt Meisel)*
Regie Niels-Peter Rudolph, Schiller-Theater Berlin 1989
Photo David Baltzer/ZENIT

Werner Krauß hatte seine Mitschuld am Nazireich mit zwei Jahren Berufsverbot bezahlt. Da war eine Schuld gestanden, das Urteil gesprochen. Da war es leicht für mich als Dreiundzwanzigjährigen, einen zweiundsiebzigjährigen Mann zu fragen: »Wie ist Ihnen das alles geschehen, und wie denken Sie jetzt darüber?«

Aber bei Minetti bestanden die Anschuldigungen aus Gerüchten. Minetti war ein Schauspieler, der über die Nazizeit nur eines zu berichten hatte: daß er größte schauspielerische Leistungen vollbracht hatte. Anders hat Minetti nie darüber geredet. Schweigen, wird er sich gesagt haben, oder: »Ich nehme das mit ins Grab.« Es kommt noch etwas hinzu, was die Giehse über den Krauß gesagt hat: »Schauen Sie, der wäre doch jedem Regime beigetreten, um Karriere zu machen. Aber er war der Beste.« Bei einem prominenten, erfolgreichen Schauspieler, einem Künstler nimmt man dessen politische Haltung sowieso nicht so ernst. Natürlich muß man sich schämen gegenüber Menschen wie Ernst Busch oder Wolfgang Langhoff, die für ihre politische Überzeugung gelitten haben.

Aber man verzeiht Schauspielern mehr. Man entschuldigt mehr, man läßt viele Dinge unter den Tisch fallen. Je größer der Triumph, desto mehr Dinge fallen unter den Tisch. Andere, die genauso Nazis waren, wie er es vielleicht war, haben sich 1945 sofort von ihm distanziert. Das waren plötzlich die anständigen Nationalsozialisten.

Gründgens wurde von Kortner rehabilitiert. Gründgens hat Kortner nach Düsseldorf gebeten, um *Der Alpenkönig und der Menschenfeind* von Raimund zu spielen. Während der Proben kam es zu der Regiebemerkung: »Verzeihen Sie, Herr Kortner, wenn ich Sie jetzt bitte, zwei Meter weiter links zu stehen, fassen Sie dies bitte nicht als antisemitisch auf.«

Joana Maria Gorvin hatte mich eingeladen, mit ihr zwei

Maximilian von Moor in Die Räuber
mit Katja Riemann und Michael Maertens
Regie Alexander Lang, Schiller-Theater Berlin 1990
Photo David Baltzer/ZENIT

Grabreden Fehlings an Heinrich George zu lesen. Diese Lesung war für Freunde und Schauspieler im Theodor-Heuß-Zimmer im Schiller-Theater. Ich wußte, daß diese Grabreden an Heinrich George, von dem alle sagen, daß er der größte Nazi war, Fehling 1946 um zwei Theater gebracht hatten: das Deutsche Theater und das Hebbel-Theater. Ich las die Grabreden dreißig Jahre später – ein Hymnus auf einen Schauspieler, und Frau Berta Drews, die Witwe Heinrich Georges, stand tränenüberströmt auf, umarmte mich und sagte: »Ach ich danke Ihnen. Und wissen Sie, mein Mann war ja ein Nazi, er hat aber niemandem was getan. Aber der Minetti…« Ich antwortete: »Frau Drews, jetzt hören Sie bitte sofort auf, zu reden und zu weinen. Denn schauen Sie: Der Bernhard Minetti – wenn der schon den Kopf in eine Kantine steckte, hat man bei diesem furchterregenden Gesicht sofort gesagt: ›Vorsicht!‹ Ich bitte Sie, setzen Sie sich wieder. Und geben Sie Ruhe.«

SCHWIERIGE ZEITEN

Am Schiller-Theater kam ich nicht so an, wie ich es mir gewünscht hätte. Die Berliner waren sehr frostig. Dazu kam, daß Minetti *König Lear* ausgeschlagen hatte. Sasse wollte mit Minetti und Grüber mit *König Lear* eröffnen. Statt dessen spielte Minetti diese Rolle an der Schaubühne. Dann sollte Brandauer *Hamlet* inszenieren und spielen, hatte Bedenken und spielte statt dessen die gleiche Rolle am Burgtheater. So spielte ich gegen meinen Willen Nathan den Weisen unter Bernard Sobel, eine Rolle, die ich mir nie zugetraut habe.

Später den Theodor in Hofmannsthals *Der Unbestechliche,* womit ich auch nicht sehr glücklich war. Anschließend *Die Kleinbürger* von Gorki, zum dritten Mal. Da wußte ich, um was es geht – das ging auf. Dann *Richard II.,* eine Katastrophe.

Hans Peter Cloos, aus Paris, hat das inszeniert. Er war mein Schüler an der Falckenberg-Schule, wo ich 1980 unterrichtet habe. Nachdem er das emanzipatorische Jugendtheater »Rote Rübe« gegründet hatte, ging er zehn Jahre nach Paris, wo er erfolgreich arbeitete. Heribert Sasse sagte: »Du hast in Bonn und in München einen so riesigen Erfolg gehabt, ich brauche ein Kassenstück.«

Ich war immer sehr eitel, weil ich dachte, ich kann aufgrund meines Talents auch das spielen, was ich eigentlich nicht spielen kann. Ich wußte, daß Richard II. jung sein muß, denn wenn ein alter Trottel auf dem Thron sitzt, sagt man: Der müßte doch wissen, was er macht. Ein kompletter Reinfall. Dabei war das Stück so besetzt, daß ich dachte: Mit dem Ensemble kann nichts schiefgehen: Markus Völlenklee, Michael Altmann, Joachim Bliese, Erich Schellow, dann Minetti, Tatja Seibt, Eva-Maria Schulz. Aber es ging schief. Anschließend spielte ich den Michael in *Michael Kramer.* Das war, nach vier oder fünf Jahren, eine geglückte Aufführung und auch eine Wunschrolle, weil ich die Rolle des Lachmann schon gespielt hatte.

Dann hatte ich die Nase voll, ging nach Wien und spielte am Theater in der Josefstadt Scribes *Das Glas Wasser,* eine Rolle, in der Gustaf Gründgens brilliert hatte, mit August Everding als Regisseur.

Dann habe ich mit Alexander Lang gearbeitet. Beim *Eingebildeten Kranken* wußte ich schon vierzehn Tage vorher, daß es eine Katastrophe wird, denn ich spürte, da fügt sich nichts. Es war mein Verschulden. Mein Verschulden, weil es mir nicht liegt, irgend jemand vom Ensemble verantwortlich zu machen, denn ich spielte ja die Rolle, mit der man die Sterne erobern kann. Außerdem habe ich das mehrfach in meinem Leben erlebt; wenn der Intendant dir ununterbrochen große Rollen gibt, entsteht beim Ensemble die Haltung: Der soll sich doch sein Stück alleine spielen. Sie fühlen sich gekränkt, wollen dich nicht unterstützen, und man spielt ins Leere.

Mein Freund Maximilian war immer bei den Generalproben. Nach der Generalprobe vom *Eingebildeten Kranken* sagte er: »Walter, ich bewundere dich, mit welcher Freude du das spielst. Kränkt es dich, wenn ich dir nicht mehr dazu sage?« – »Nein, Maximilian, wir zwei wissen Bescheid. Ich hoffe, daß meine Freude die Aufführung rettet.«

Es war nicht so. Ich habe auch einen entscheidenden Fehler gemacht, ich bin in der Mitte der Aufführung von der Konzeption Alexander Langs abgewichen und spielte mich an das Publikum ran statt vom Publikum weg. Das erste, was die Kollegen sagten, nachdem das Haus voller Buhs, voller Pfiffe war: »Bitte verbeug du dich allein.« Ich bin strahlend auf die Bühne hinausgegangen. Dabei habe ich etwas gemacht, was die Zuschauer doppelt erbost hat: Mir ist in Sekundenschnelle Maria Callas eingefallen, die einmal bei einem Buhkonzert ihre Schleppe genommen und übers Gesicht gezogen hatte. Ich hatte einen riesigen Mantel, den ich übers Gesicht gezogen habe. So blieb ich stehen, da wurden die Zuschauer zu Hyänen.

Anschließend kamen die Dramaturgin Vera Sturm, Alexander Lang und Alfred Kirchner zu mir in die Garderobe. Sie fragten: »Was war denn da heute los?« – »Was da heute los war, weiß ich auch nicht. Das heißt, ich weiß es. Und ihr wißt es auch. Und bei der zweiten Vorstellung machen wir eine Publikumsdiskussion, und dann werden wir hören, was da falsch war.«

Das fand natürlich nie statt.

Michael Kramer in Michael Kramer
Regie Harald Clemen, Schloßparktheater Berlin 1990
Photo Deutsches Theatermuseum München

Alfred Kirchner bat mich, in die Werkstatt zur Premierenfeier zu kommen. Als man mich sah, haben alle Kollegen in den Tisch hineingeguckt. Ich sagte zum Intendanten: »Alfred, beginn zu applaudieren, ich bin das nach einer Premiere so gewohnt, wie immer sie auch war.«

Katja Paryla hat mich gerettet. Die einzige Frau mit der Haltung einer Schauspielerin. Sie sagte: »Bitte setz dich zu mir an den Tisch.«

Dann ging ich zu einer Premierenfeier, wo private Freunde und Kollegen saßen. Ich kam herein, und man schwieg. Ich fand das idiotisch, daß jeder annahm, so ein Mißerfolg würde mich zu Tode treffen. Es war nicht so. Denn ich hatte mehrere Mißerfolge. Ich war nie so erfolggewohnt wie Otto Sander oder Bruno Ganz. Ich hatte einige Male Erfolg, große, prächtige künstlerische Erfolge. Da hat aber alles zusammen gepaßt, das Stück, das Ensemble, der Regisseur, das Publikum. Das kann man sich wünschen, aber nicht erzwingen.

Ich habe gelächelt und geredet. Ununterbrochen. Ich wußte, daß nach den Kritiken bei der nächsten Vorstellung fünfzig Leute im Zuschauerraum sitzen. Aber es ist etwas eingetreten: Um drei Uhr früh kamen Maximilian und ich nach Hause, und ich sagte: »Maximilian, mir tut vor Lächeln das ganze Gesicht weh. Schau mich an. Ich lächle ja immer wieder.« – »Du hast dich ja ganz gut geschlagen. Das nächste Mal hast du wieder einen großen Erfolg.«

Es lag noch ein Telegramm auf dem Tisch, das ich nicht aufgemacht hatte: »Lieber Walter Schmidinger! Für heute Abend wünscht Ihnen von ganzem Herzen toi, toi, toi, Ihr Curt Bois«.

Da schluchzte ich, weil ich mir gedacht habe: Dieser große Schauspieler, ein Mann, den ich kaum kenne, schickt dir ein Telegramm, während im eigenen Ensemble dir niemand ei-

Argan in Der eingebildete Kranke *(mit Dieter Montag)*
Regie Alexander Lang, Schiller-Theater Berlin 1991
Photo David Baltzer/Zenit

Argan in Der eingebildete Kranke *(mit Christian Grashof)*
Regie Alexander Lang, Schiller-Theater Berlin 1991
Photo David Baltzer/Zenit

nen Brief zur Premiere schreibt. Und hinterher gehen sie dir aus dem Weg. Das ist doch kein Ensemble, das sind doch feige, dumme Leute.

KOLLEGENKRITIK

Wenn ich Vorstellungen von Kollegen sehe, übe ich hinterher Kritik. Sehr positive Kritik. Ich versuche mit dieser Kritik in erster Linie zu zeigen, daß mich das Ganze interessiert, abgesehen davon, wie es ist. Und daß wir Schauspieler doch ein bißchen darüber nachdenken müssen, sollen, können, woran es gelegen hat, wenn ein Abend nicht aufgeht. Nach einer Premiere, vor allem wenn es ein Mißerfolg ist, sind die Schauspieler wund, melancholisch, depressiv, verzweifelt, denn sie *wollten* nichts mehr als einen Erfolg. Die Verwundbarkeit, die Verletzlichkeit kann sehr groß sein, so daß man nichts sagen darf.

Wenn wir Schauspieler negative, positive Meinungen, überhaupt die Meinung zu einer Sache nicht äußern dürfen, dann ist auch bei einer Premiere für mich Matthäi am Letzten. Oder ich gehe sofort, weil ich spüre, daß ich beleidigend, ausfallend oder verletzend werden würde.

Kritik zu üben habe ich von Minetti und der Giehse gelernt, meiner wichtigsten Kritikerin. Die Giehse war eine Frau, die nie auf eine Premierenfeier ging. Denn dieses Gewäsch der Lobhudelei oder die deprimierten Fressen, die da um die Sülze herumsitzen, konnte sie nicht ertragen. Aber ich bin viel zu gesellschaftssüchtig und neugierig.

Ich wurde einmal in einem Interview gefragt: »Was ist Ihnen unangenehm?« – »Komplimente.« – »Was ist Ihnen nicht unangenehm?« – »Schmeicheleien.«

Wolke in Nacht *(mit Katja Paryla und Christian Grashof)*
Regie Alexander Lang, Schiller-Theater Berlin 1991
Photo David Baltzer/ZENIT

SCHLIESSUNG DES SCHILLER-THEATERS

Die Schließung des Schiller-Theaters habe ich eigentlich nicht erlebt. Ich war in einem Zustand, in dem ich oft in meinem Leben bin. Ich nehme gewisse Dinge nicht wahr, ich will sie nicht wahrhaben. So verlieren sie ihre Wichtigkeit.

Während der Ferien hat Benno Besson *Weißalles und Dickedumm* von Coline Serreau inszeniert. Das hatte am letzten Abend, bevor das Schiller-Theater geschlossen wurde, Premiere. Wir sind dann mit diesem Stück ins Berliner Ensemble umgesiedelt. Da ging kein Mensch hinein, trotz Katharina Thalbach und Michael Maertens.

Vorher gab es eine große Solidaritätsveranstaltung sämtlicher Intendanten und wichtiger Regisseure Deutschlands. Jeder hielt eine Rede, die ich mir nicht anhören wollte. Ich bin im Foyer auf und ab gegangen und hab' immer gedacht: Jetzt wird mir schlecht. Ich habe dann mit sehr viel Geschick Thomas Langhoff, Claus Peymann, Frank-Patrick Steckel, Jürgen Flimm im Foyer zusammengetrieben und gesagt: »Meine Herren, ich habe einen Vorschlag. Wenn jeder von Ihnen bei uns ein Stück inszenieren würde, dann könnten wir dem Senat und den Zuschauern das künstlerische Niveau bieten, das mit Recht vom Publikum verlangt wird.« Jeder hatte eine andere Ausrede: Die Idee fänden sie großartig, aber...

Auf einer Schauspielerversammlung wurde darüber gesprochen, das Schiller-Theater mit weniger Subventionen weiterzubetreiben. Wenn alle auf zehn Prozent ihrer Gage verzichten würden, wäre der Etat für eine Inszenierung vorhanden. Es kam zu einer großen Schreierei, als ich meine Gage nannte. Alle sind aus den Pantinen gekippt. Katharina Thalbach hat gesagt: »Mit Recht, mit Recht.« Das bezog sich auf die Empörung. Das kulminierte in einem Krach, der in eine ganz

Mörder in Weißalles und Dickedumm *(mit Katharina Thalbach)*
Regie Benno Besson, Schiller-Theater/Berliner Ensemble 1993
Photo David Baltzer/ZENIT

andere Richtung ging. Minetti fand es nicht richtig, die Gage zu nennen, denn dann müßten Schauspieler mit kleinen Gagen irritiert sein. Es ging um große Gagen – kleine Gagen, große Schauspieler – kleine Schauspieler. Einige Zeit zuvor hatte Minetti, angesprochen auf Hans Otto, der von den Nazis umgebracht worden war, gesagt: »Das war ja auch kein großer Schauspieler.« Darauf bezog sich Katharina Thalbach, als sie sagte: »Ja, ja, kleine Schauspieler wie Hans Otto zum Beispiel.« Minetti verließ wortlos den Raum.

Als Minetti ging, war die Versammlung beendet. Der größte Teil wußte überhaupt nicht, wer Hans Otto war, und begriff den Vorgang nicht.

Mir ist zur Schließung des Schiller-Theaters aufgefallen, daß wir Schauspieler viel zuwenig getan haben, um diese Schließung zu verhindern. In den Ferien, nach dieser mißglückten Solidaritätsshow, wurden einige Mitglieder gebeten, im Foyer zu lesen. Wer trat im Foyer auf, um bis August den Anschein zu erwecken, daß das Schiller-Theater lebt? Off-Gruppen, weil die Prominenz in Urlaub war.

Auf meinem Rückflug aus Salzburg, ich hatte drei Tage frei, lese ich im Flugzeug in der Zeitung, daß die Kaliarbeiter in Bischofferode in Hungerstreik getreten sind und daß zwei der Arbeiter mit Gewalt in ein Krankenhaus gebracht wurden, weil sie in Lebensgefahr schwebten.

Ich kam in Berlin an, ging unter die Dusche, dann ins Schiller-Theater und las *Verstörung*. Das Foyer war voll. Die Menschen kamen, alles war ausverkauft. Die Solidarität des Publikums war ungeheuer.

Ich trat auf und habe gesagt:

»Meine Damen und Herren, ich habe gerade einen Artikel gelesen – Kaliarbeiter in Bischofferode im Hungerstreik –, und da habe ich bei mir gedacht: Wer von uns Schauspielern

Letzte Vorstellung im Schiller-Theater,
Weißalles und Dickedumm *(mit Katharina Thalbach)*
Regie Benno Besson 1993
Photo David Baltzer/ZENIT

Photo David Baltzer/ZENIT

wäre, um dieses Haus zu erhalten, in den Hungerstreik getreten? Verzeihen Sie, ich auch nicht. – Thomas Bernhard, *Verstörung.*«

Später, wenn Maximilian und ich mit dem Auto am Schiller-Theater vorüberfuhren, haben wir nicht hingeschaut.

DEUTSCHES THEATER, 1994–2001

Für *Geschichten aus dem Wienerwald* von Ödön von Horváth bin ich 1994 ans Deutsche Theater engagiert worden. Langhoff war bei der Solidaritätsveranstaltung sämtlicher Intendanten und Regisseure im Schiller-Theater. Ich stand auf der Treppe, er kam mir entgegen und er sagte: »Machen Sie sich keine Sorgen, Sie können bei mir immer spielen, solange ich Intendant bin.«

Dann war ich zweimal bei ihm zu einem Gespräch, und er sagte, daß er mich nicht engagieren könne, daß die Verträge derjenigen, die über 65 sind, nicht verlängert werden, er habe kein Geld. Als das Deutsche Theater nach der Schließung des Schiller-Theaters mehr Geld bekam, wurde ich engagiert.

Meine erste Begegnung mit dem Ensemble des Deutschen Theaters war sehr diffus. Ich entdeckte, daß einer dem anderen nicht wirklich traute.

Am deutlichsten wurde das viel später, als man die Fünfundsechzigjährigen in Pension schickte. Am 28. April 1998 war ich fünfundsechzig geworden, am 30. April wurden sechzehn Schauspieler ins Konversationszimmer zu Frau Schauer und Herrn Langhoff gebeten. Inge Keller, Käthe Reichel und Eberhard Esche waren nicht da. Es wurde uns mitgeteilt, daß jeder, der über fünfundsechzig ist, seinen Vertrag nicht verlängert bekommt: »Aber da wir ja auf euch nicht verzichten können, wird jeder einen Stückvertrag für vier Aufführungen monatlich bekommen.« Diesen Stückvertrag haben nur sechs oder sieben Schauspieler bekommen, weil sie in den laufenden Stücken besetzt waren. Für viele war das eine Katastrophe, weil die ostdeutschen Renten so gering waren. Keiner hat ein Wort gesagt. Neben mir saß der kranke Rolf Ludwig, eine Koryphäe dieses Hauses. Der hat das stumm hingenommen. Otto Mellies schämte sich nicht zu sagen: »Ach, mich trifft das eigentlich nicht so, ich wollte dir, lieber Thomas, ja schon vorschlagen, in Rente zu gehen.«

Da habe ich mich gemeldet: »Ich sage Ihnen jetzt etwas, Herr Langhoff: Ihr Vater dreht sich im Grabe herum! Also meine Herrschaften, ich bin der Jüngste hier im Ensemble, trotzdem rede ich jetzt. Das ist unmöglich! Sie versprechen uns einen Gastvertrag. Wir sind ja in gar keinen Stücken drin, wir wissen auch gar nicht, wie lange diese Stücke laufen. Das ist auf einer Lüge aufgebaut, und das ist insofern eine Gemeinheit mir gegenüber, als Sie, Herr Langhoff, zu mir gesagt haben, ich kann an Ihrem Hause spielen, solange ich will. Denn sonst wäre ich an die Schaubühne gegangen, ein sogenanntes Privattheater, und hätte eine riesige Abfindung erhalten. Ich hatte von Frau Breth ein Angebot. Aber um mich geht es in diesem Zusammenhang nicht. Wie können Sie das machen, wenn Sie wissen, daß die Renten noch lange nicht auf das westliche Niveau angehoben werden!«

Es gab keine Verständigung. Dann war ich lange in der Psychiatrie. Ich habe in der Psychiatrie von Langhoff weder einen Brief noch Blumen, noch einen Telephonanruf bekommen. Sie haben auch Maximilian nicht angerufen, um zu fragen, wie es mir geht.

Was man unter menschlichem Umgang versteht, war am Deutschen Theater für mich in keiner Weise zu spüren, außer beim Inspizienten Herrn Sommer, der Requisiteuse des Deutschen Theater, des Requisiteurs von den Kammerspielen, bei der Souffleuse Sigrun Stecker, bei der Mitarbeiterin des Intendanten, Frau Panzner, und natürlich bei Klaus Piontek. Piontek war, was Menschlichkeit anbelangt, die einzige Kapazität in dem Ensemble, die ich kennengelernt habe. Stets eine freundliche Distanz, aber mit sehr viel Herz und mit sehr viel Ironie. Zu Weihnachten, als Maximilian schon sehr krank war, hat er gefragt: »Was ißt denn der Maximilian gern?« – »Er liebt Rinderrouladen.« – »Die koche ich ihm und bringe sie mit.«

Das sagte er, ohne jedes Aufheben, auf seine feine Art. Das sind Leute! Und die vergißt man auch nicht.

THEATER UND TOD

Im Deutschen Theater wurde die Arbeit immer problematischer. Ich spielte *Geschichten aus dem Wienerwald,* dann gab es noch eine »Zwangsvorstellung«, wie Karl Valentin das nennt: *Alte Meister* von Thomas Bernhard. Das habe ich vor allem gespielt wegen Klaus Piontek, weil das so ein außerordentlicher Schauspieler, aber vor allem so ein großartiger Kollege war. Ich wollte die Rolle zuerst nach acht Tagen, dann nach drei Wochen zurückgeben. Aber da wurde die Krebserkrankung von Piontek bekannt, und ich habe weitergespielt. Bei den Salzburger Festspielen spielte ich parallel den Cotrone in *Die Riesen vom Berge* von Pirandello und den Habakuk in Raimunds *Der Alpenkönig und der Menschenfeind.*

Nicht umsonst kam mir während der drei Jahre des Krankseins von Maximilian dieser Beruf lächerlich vor, unwichtig. Man überschätzt die Wichtigkeit dessen, was auf der Bühne geschieht. Wenn die Wirklichkeit auf einen einschlägt, fragt man sich, ob das der Sinn des Lebens ist, täglich auf die Probe zu gehen und täglich die mittelmäßigen Vorstellungen zu spielen. Das kann es nicht sein.

Nach dem Tod von Maximilian habe ich viele Vorstellungen abgesagt. Da ich an einem Repertoiretheater engagiert war, konnten andere Inszenierungen gespielt werden. Wäre ich an einem Theater gewesen, in dem die Gagen sämtlicher Schauspieler und alles andere aus der Abendeinnahme bezahlt werden, dann hätte ich wahrscheinlich gespielt. Aber es ist sehr schwer, eine Situation, in der man eine Entscheidung trifft, im entsprechenden Moment richtig zu beurteilen. Zwei Jahre später sieht man diese Situation anders.

Ich bin auch kein Verfechter von »The show must go on«. Ich befinde mich in einer zwielichtigen Situation, bin eine Figur zwischen Dämmerungen. Ich will auch das Recht haben zu sagen: Nein, sie geht nicht weiter, die Schau, heute geht der Vorhang nicht hoch.

Diderot schreibt, daß der Schauspieler sich wie ein Priester in ein Gebet vertieft oder wie ein Derwisch in Trance tanzt, wenn sich der Schauspieler mit äußerster Konzentration in seine Rolle, in seinen Text begibt, um die Botschaft des Dichters weiterzugeben. Das ist das, was Klaus Maria Brandauer und ich immer die Glückseligkeit »zu fliegen« nennen. Wenn wir in einer Art von Autosuggestion oder Selbsthypnose so sicher sind, daß wir uns selbst vergessen und sogar vergessen, daß wir in einem Theater sind, und mit einem bestimmten Gefühl, mit einem bestimmten Geist, mit einem bestimmten Satz abheben, wissend, daß jetzt von den hundert Zuschauern zwei getroffen werden müssen – das ist alles wunderbar.

Aber einmal, nach der letzten Operation von Maximilian, ging es nicht weiter. Ich spielte am Abend *Alte Meister* und bemerkte, daß ich nicht konzentriert war: Ich trete auf, und

Reger in Alte Meister *(mit Klaus Piontek und Dietrich Körner)*
Regie Friedo Solter, Deutsches Theater Berlin 1997
Photo David Baltzer/ZENIT

schon ist die Zeitung zerknittert. Ein Herr kommt eine Zehntelsekunde zu spät – oder waren es drei Minuten? Die Souffleuse lächelt, warum, weiß ich nicht. »Der Scheinwerfer ist noch vom letzten Stück eingerichtet«, denk ich, »der gehört ja gar nicht hierher, aber reg dich nicht auf.« Eine Frau hustet. Eine andere schläft schon. Ich spüre, es wird furchtbar. Plötzlich fiel mir der Arzt aus dem Franziskus-Krankenhaus ein, der gesagt hatte: »Das Medikament zur Blutverdünnung muß in der Dosis verdoppelt werden.« – »Aber Sie, Herr Professor, haben doch die niedrige Dosis angeordnet.«

Im Laufe des Abends mußte ich einige Male sagen: »Die Uhr ist abgelaufen.« Als ich das zum ersten Mal sagen mußte, habe ich an das Franziskus-Krankenhaus gedacht. In dem Moment habe ich nicht mehr gewußt, wo ich bin. Die Souffleuse schwieg. Sie ist die beste von Europa. Sie hatte sich gedacht, der macht eine Pause, wo er noch nie eine gemacht hat. Die Kollegen guckten – es ging nicht mehr weiter. Ich dachte: Was ist jetzt los? Soll ich jetzt laut sagen: Bitte den nächsten Satz!

Da habe ich entdeckt, daß das Private die Oberhand gewonnen hat, daß ich auf der Bühne nichts verloren hatte. Denn wie immer man diesen Beruf verstehen mag, für mich war es immer ein heiliger Beruf. Nicht ein Beruf, eine Berufung. Ein Beruf, in dessen Haus man den Hut abnimmt, in dessen Haus man auf der Bühne nicht ißt, in dessen Haus man kämpft um Dinge, um Gedanken, große Gedanken, alles mögliche. Jetzt spürte ich, daß mein Leben eingreift in diesen Beruf. Wenn man glaubt, seine privaten Gefühle verkaufen zu müssen, dann hat dieser Beruf etwas von Prostitution. Das hat er sowieso. Aber auch in der Prostitution muß man aufpassen, daß man mit den Kunden nicht privat wird.

PREMIERENRAUSCH

Die Bergner hat, ihrer Meinung nach, jede Premiere verhauen. Ich hingegen kriege bei einer Premiere meistens einen Höhenflug. Die Freude, daß das Stück und der Dichter in deine Hand gegeben sind, diese Freude überwiegt alles andere, auch Schwierigkeiten während der Arbeit. Es ist ein Rausch.

Dieses »Fliegen« kann nicht jeden Abend gleich sein. Aber wenn es einem gelingt, vergessen wir das Publikum. Wir vergessen die Situation, vergessen, daß wir Schauspieler sind, die einen Text vermitteln. Wir vergessen unsere Sorgen, die Zuschauer vergessen ihre Sorgen, und man ist in einem Gefühlszustand, der sich auf den Zuschauer übertragen muß. Es wirkt so, als ob der Schauspieler in dem Moment den Text erfinden würde.

Jürgen Fehling war der Regisseur, der behauptete, er habe noch nie Schauspieler so wunderbar und grandios spielen sehen wie bei der Generalprobe vor dem leeren Zuschauerraum. Max Reinhardt dagegen, und daran glaube ich, hat gesagt: Gerade durch die Tatsache, daß die Zuschauer da sind und einem tausend Leute atemlos zuhören, gerade dadurch sind die Schauspieler fähig, in Bereiche vorzustoßen, in denen sie höchste Leistungen erreichen. Natürlich kommt das auf die Konditionen an, auf den Mut, die Konzentration, die Sensibilität. Man kann vor Nervosität eine ganze Premiere schmeißen.

Karin Brandauer drehte einen Film über Elisabeth Bergner. In diesem Film interviewte Klaus Maria Brandauer die Bergner. Er fragte: »Worin, liebe Elisabeth Bergner, besteht Ihrer Meinung nach Ihre Wirkung auf der Bühne?« – »Zuerst müssen Sie mir schwören, daß Sie das glauben, was ich Ihnen sage.« – »Ich schwöre.« – »Ich weiß es nicht.« – »Das glaube ich Ihnen nicht.«

Da treffen zwei Welten aufeinander. Ich habe an der Bergner immer bewundert, daß sie Theater gespielt hat, als wäre kein Zuschauer da. Als würde man einem privaten Erleben beiwohnen, zu dem niemand Zugang hat, es ist völlig geheim; sie ist nur bei sich und den Menschen, mit denen sie spielt. Das war mir ein Rätsel, auch weil ich wußte, daß ich das nicht erreiche. Denn ich bin ja immer derjenige, der sich zum Zuschauer hinbegibt, und sagt: Bitte, hören Sie mir zu.

Man muß als Schauspieler eine Position finden, in der man voll Würde, voll Stolz auftritt, mit der Haltung: Ich spiele für mich die Csárdásfürstin, und Sie dürfen mir zuhören. Das habe ich einmal mit Klaus Michael Grüber erreicht, in einer gar nicht so bedeutenden Rolle. Ich habe überhaupt nichts gemacht, obwohl ich sonst nur daraus bestehe, daß ich dauernd etwas mache, damit die Zuschauer aufmerksam werden. Grüber war der erste unter den Regisseuren, dem ich geglaubt habe, als er sagte: »Du drehst den Kopf zu schnell.« – »Ja, ich mach' das noch mal.« – »Noch immer zu schnell.« – »Ja, ich mach' das noch mal.« – »Noch immer zu schnell.« – Ja, ich mach' das noch mal.«

Er hat sich mir gewidmet, er war wie ein hypnotisierendes Wesen, das mich als Medium in einen Trancezustand versetzte. Dieser Begriff »Trancezustand« stammt aus einer Geschichte mit Werner Krauß, der allergisch reagierte, wenn jemand hustete. Als Richard III. hat er einmal in einer Vorstellung gesagt: »Und wir fuhren mit dem Schiff auf der Themse – kotz dich aus, du alte Sau – und betraten den Tower.« Die Dame, die gehustet hatte, war die Frau von Heinrich Himmler. Am nächsten Tag war der Adjutant von Himmler bei Gustaf Gründgens und hat eine Beschwerde vorgebracht.

Gründgens antwortete: »Da kann ich gar nichts machen. Wenn Herr Krauß spielt, spielt er in Trance.«

Krauß konnte im Zustand höchster Konzentration loslassen. Er war in der Lage, mitten in einer Szene, wenn ein Scheinwerfer schlecht eingestellt war, so daß er das Licht auf der Bühne suchen mußte, laut zu sagen: »Wer sitzt jetzt oben am Stellwerk? Ich weiß gar nicht, von wo ich spreche.« – Niemand bemerkte etwas.

Die andere Seite wird in den Memoiren von Elisabeth Bergner beschrieben. Die Bergner hat unter ärztlicher Aufsicht für die Inszenierung *Eines langen Tages Reise in die Nacht* Drogen genommen. Da es in dem Stück um Drogen geht, wollte sie prüfen, in welche Bereiche der seelischen Landschaft sie gerät. Man darf nicht vergessen: Es waren Drogen oder der Alkohol, die die begnadete Judy Garland weltberühmt gemacht haben. Selbst wenn nur »Somewhere over the Rainbow« von ihr übriggeblieben wäre, dann würde es für einen Künstler genügen.

Wenn es wahr ist, daß der Alkohol eine Angst nimmt, das heißt einem die Illusion gibt, die Angst wäre weg, wenn der Alkohol einen befreit von Hemmungen und Nervosität – so haben sicherlich viele der ganz Großen zu diesem Mittel gegriffen und Ungeheures erreicht. Man kann diesen Beruf nicht ausüben wie ein Reserveleutnant.

Aber die Reserveleutnants werden immer mehr. Was ich bedaure: daß kein Stein, Bondy, Grüber und kein Zadek die jungen Leute davor rettet, Reserveleutnants zu sein. Weder Peter Stein noch Luc Bondy, weder Grüber noch Zadek, keiner dieser ersten Regisseure hat einen Assistenten hervorgebracht, der selbst erster Regisseur geworden ist.

Ich selbst habe oft versucht, Einfluß zu nehmen, sowohl in der Falckenberg-Schule, als auch in Tübingen, wo ich mehr-

Berlin, ab 1984

Mit Marianne Hoppe

fach am Zimmertheater inszenierte. Die erste Arbeit war *Hamlet*. Der erste Hamlet ist nach vierzehn Tagen auf und davon, weil ich so streng und böse war, wie er in einem Brief schrieb. Die Königin reiste mitten in den Proben ab, weil sie eine kleine Rolle bei den Sommerfestspielen in Wien bekommen hatte.

Der zweite Hamlet schrieb zwei Tage nach der Premiere, daß er für eine Fernsehserie vier Wochen mit dem Schiff verreist. So gab es nur ganz wenige Vorstellungen. Diese Haltung hat mir nicht gefallen, sie war mir sehr fremd. Die jungen Schauspieler in Tübingen waren schon von der Tatsache deprimiert, daß sie in Tübingen spielten.

Als nächstes inszenierte ich *Die Zofen*. Nachdem sie das Stück gelesen hatten, habe ich jeden einzelnen Schauspieler zu mir gebeten. Ich habe jedem ein Buch über Genet geschenkt. Während der Leseproben stellte ich fest, daß keiner dieses Buch gelesen hatte, keiner hatte sich mit Genet beschäftigt.

Statt so zu spielen, daß am nächsten Morgen die Frau Bürgermeister ihrer Freundin in Stuttgart erzählt, wie großartig in Tübingen *Die Zofen* gespielt werden, ließen sie sich hängen.

ENSEMBLETHEATER

Ein Ensemble ist nicht nur das Ensemble von Schauspielern, sondern ein Ensemble ist eine wesentlich größere Anzahl von Menschen, die an einem Theater arbeiten, um zum Gelingen beizutragen. Ich war sehr stolz, daß einige Menschen des Ensembles des Deutschen Theaters sich von mir besonders verabschiedet haben. Brecht hat ein Gedicht geschrieben – »Die Requisiten der Weigel« –, und wenn man weiß, daß ein Requisiteur ein großer Künstler sein kann, dann weiß man auch, daß die Garderobiere, die Souffleuse, der Bühnenarbeiter, der Beleuchter, die Bedienung in der Kantine, daß alle Menschen, Arbeiter und Angestellten dazugehören. Helene Thimig hat uns gesagt, daß wir diesen Menschen zu Dank verpflichtet sein dürfen und daß wir die Gelegenheit nicht vorübergehen lassen sollen, uns zu Weihnachten oder bei Ferienbeginn zu bedanken mit einem kleinen Präsent oder mit irgendeiner Art von Anerkennung, die nicht so sehr als Dank gedacht sein soll, sondern vor allem auch als Bitte, daß uns der Inspizient, die Schneiderin, der Schuster auch in Zukunft weiter so unterstützen, denn sonst sind wir verloren.

Ich hatte immer Glück mit den Menschen, die mich begleitet haben auf und hinter der Bühne. Das waren nicht nur Schauspieler. Als ich 1974 am Deutschen Schauspielhaus in Hamburg engagiert war, habe ich die Menschen getroffen, die dort unter Gustaf Gründgens arbeiteten. Die Sekretärin Frau Hart zum Beispiel – ich trinke immer bei den Sekretärinnen der Intendanz den Kaffee, erstens ist er dort der beste, und zweitens erfährt man vielleicht etwas. Oder Herr Jonas, der Chauffeur von Gustaf Gründgens, Herr Reinhardt, der Garderobier von Herrn Gründgens, den ich auch hatte, Rosemarie Clausen, die Photographin des Hauses, Frau Charlotte Bötel, die Souffleuse. All diese Menschen, die bei Gründgens arbeiteten, haben all ihre Kraft, ihr Wissen und ihr Können in den Dienst des Theaters, der Schauspieler gestellt. Und da umgab mich ein Schutzwall, der mir half, mit Angst umzugehen.

Es gibt Abende, da geht man auf die Bühne hinaus und denkt: Um Gottes willen, wenn der Abend nur schon zu Ende wäre! Aber das Publikum möchte einen schönen Abend haben. Der Zuschauer ist entscheidend. Wie man mit ihm umgeht, das hatten bestimmte Leute in den Theatern in der Hand, wie Susanne Ueckert, die Sekretärin der Schaubühne, oder Lonie Weizer in München, die sensationell waren. Wenn die den Sitzplan für die Premiere entwarfen, war das ein Meisterwerk mit dem Gespür für Feindschaften und Kommunikation. Nicht nur wir Schauspieler sind das Ensemble, das ganze Haus ist das Ensemble. Toll, als der alte Barlog die älteren Schließerinnen in anderen Abteilungen des Schiller-Theaters unterbrachte und die schönsten Studentinnen, die Berlin je gesehen hat, engagierte. Man ist in dieses Theater schon wegen der Schließerinnen gegangen.

Unter Ensemble verstehe ich, daß sich gleichrangig hervorragende Schauspieler zusammenfinden, wobei der eine heute den Ferdinand und morgen den Fortinbras spielt, abwechselnd kleine und große Rollen. Das gab es bei Stanislawski, bei Reinhardt, bei Brecht und an der Schaubühne unter Peter Stein.

Heute wird das Wort »Ensembletheater« nur als Ausrede benutzt. Das Ensemble von Langhoff ist nicht zerstört worden, das war schon zerstört, als Thomas Langhoff Intendant war. Die neue Schaubühne unter Thomas Ostermeier ist kein Ensemble, nicht nur weil sie altersmäßig keine vernünftige Struktur hat. Die jungen Schauspieler haben nicht die Chance, von den alten zu lernen. Wenn ich ein Ensemble habe, darf ich für die Hauptrollen keinen Gast holen. Das war in der Schaubühne bei Stein ungeheuer, daß alle Rollen aus dem Ensemble besetzt wurden, und das über fünfundzwanzig Jahre. Bei Meisel gab es Martin Benrath, Nikolaus Paryla, Klaus Maria Brandauer und mich. Wir waren gar nicht so unterschiedlich, aber wir waren spezifisch gewählt und standen immer zur Verfügung. Bei Ingmar Bergman als Oberspielleiter wußte man, was er vorhatte, was er dachte, welche Haltung er zum Theater hatte.

Ensemble ist eine große Anzahl von Schauspielern, die, aufeinander abgestimmt in ihren Fähigkeiten, in ihrem Können,

Cotrone in Die Riesen vom Berge *mit (Jutta Lampe)*
Regie Luca Ronconi, Salzburger Festspiele 1994
Photo Deutsches Theater Museum München

einer langjährigen Entwicklung zusammenarbeiten, wie das in Bonn und in Düsseldorf war. Stroux hatte viele junge Schauspieler engagiert, an deren Talent er glaubte, und die ersten Schauspieler Deutschlands dazugebeten. Indem er dieses junge Ensemble drum herumgruppiert hat, konnte dieses Ensemble auch lernen.

Wichtig ist für die Schauspieler, daß sie wissen, was man mit ihnen vorhat, in welchen Stücken, mit welchen Regisseuren sie arbeiten, wie man ihre Fähigkeiten fördert und entwickelt, zum Blühen bringt. Das Ensembletheater ist zu Ende gegangen, weil die Intendanten und Regisseure nicht in der Lage waren, die Schauspieler zu pflegen, zu fördern, zu stützen und mit Aufgaben zu betrauen, die ihnen adäquat sind; denn sonst könnte es nicht sein, daß große Schauspieler und Schauspielerinnen, Protagonisten, die ein Haus füllen könnten, nicht in einem Ensemble arbeiten.

Meine Haltung zum Ensemble ist geprägt durch Therese Giehses Erzählungen über das Zürcher Schauspielhaus. Die berühmtesten der berühmten Schauspieler hatten alle zwei bis drei Wochen Premiere. Es gab einen Garderobier, Herrn Prüfer, Prüfi genannt, der, am Freitagabend in der Kulisse stehend, den spielenden Schauspielern die Bücher für die darauffolgende Woche gezeigt hat: Wir spielen *Wallenstein,* Sie den Piccolomini; Sie den Wallenstein; Sie haben nur einen Satz; Sie sind frei. Manchmal ist in der tragischsten Szene ein Lächeln über die Lippen eines Schauspieler geflogen, weil er eine Woche keine Proben hatte. Die Giehse erzählte: »Schwierig war es, wenn einen der Hamlet getroffen hat. Das ganze Ensemble hat den Bohnenkaffee zusammengelegt, und die Kollegen haben Kaffee gekocht und diesen Schauspieler, der diese Riesenrolle hatte, abgehört. Wenn der Kaffee alle war, hat die Stadt Zürich Phosphortabletten verabreicht, die

es den Schauspielern erlaubten, munter zu bleiben. Manchmal schlief man drei Nächte nicht, weil man sich mit der Do-
sierung vertan hatte. Es kam die Premiere, wir mußten ein
neues Stück probieren und die Abendvorstellungen spielen.
So saßen wir mit dem Rucksack auf dem Rücken in den Gar-
deroben, weil wir befürchteten, daß Hitler vor der Schweiz
nicht haltmacht.«

Aber die Giehse hat diese Zeit nicht als tragische geschildert.
Ich habe das nicht geglaubt und Karl Paryla gefragt, der mir
das bestätigte, als ob es eine Selbstverständlichkeit wäre. Damals habe ich mir gedacht, in einer solchen Situation mußte
nie jemand von uns die Bühne betreten. Aber sie waren alle
zufrieden, glücklich und hoffnungsvoll. Sie haben nicht nur
Triumphe gefeiert, sondern sie haben den Namen eines Hauses geprägt. Schauspieler wie Therese Giehse, Maria Becker,
Hortense Raky, Karl Paryla, Wolfgang Langhoff, Wolfgang
Heinz. Sie waren geprägt durch Not und Verzweiflung, aus
der ein solches Zusammengehörigkeitsgefühl entstand, eine
Situation, in der man sich nicht wichtig nahm, sondern den
anderen. Ich weiß, daß es heute ein solches Ensemble nur mehr
als Idee gibt. Trotzdem: Immer wenn ich neu an ein Theater
gekommen bin, habe ich gehofft, daß ich an ein solches Ensemble gerate. So war es auch, als ich an das Deutsche Theater engagiert worden bin. Ich ging durch das Zuschauerhaus,
wo auf den roten Stofftapeten die Photographien der großen
Schauspieler der zwanziger und dreißiger Jahre hingen. Ich
ging durch das Foyer. Da war eine Büste der Helene Thimig,
und da dachte ich: Sonderbar, ich komme wieder dorthin,
woher ich kam. Im Deutschen Theater schloß sich auf eine
merkwürdige Weise der Kreis, da hatten die meisten der Leute gearbeitet, die ich verehre: die Thimig, Werner Krauß und
die großen Schauspieler aus dem Ensemble Max Reinhardts.

Der Mond im Gras
Regie Robert Wilson, Münchner Kammerspiele 1994
Photo Oda Sternberg

FOR W A WA WAL + FOR H
FOR W S FOR H FOR HIM FOR
WALTER OR AND US THIS IS FOR
HIM MY SO VERY VERY GOOD FRIEND
THIS HYMN IS FOR HIM TO HYMN WITH
HIM IS A WAY TO SAY H HA HA HAP
P P PY HAPPY B B BIRTHDAY TO
YOU FROM US TO SAY THANK YOU
FOR BEING YOU YOU ARE US WE ARE
YOU TODAY TO SAY WE LOVE TO SEE
TO HEAR YOU LAUGH AND PLAY A
PLAY WITH US THAT IS ALWAYS SO V
VERY LIGHT THAT IT MAKES US LAUGH
AND CRY THAT IS WHY I ALWAYS
WANTED YOU TO PLAY KING LEAR ONLY
TO SEE TO HEAR YOU LAUGH WITH AT
THE KING DYING YOU ARE THAT KING
FOR ME TODAY SO I SING THIS HYMN
FOR YOU AND ME AND US TOGETHER
SAYING H H H HAP HAP HAPPY
BIRTHDAY DEAR WALTER REMEMBERING
WHEN WE FIRST MET IN MUNICH AT THE POST
OFFICE YOUR FACE WAS THAT FACE A
LEAR A KING A SO VERY VERY SPECIAL
LIGHT THAT LIGHTS ME TO SAY WITH LOVE
THIS DAY APRIL 28, 2003 HAPPY BIRTHDAY BOB WILSON

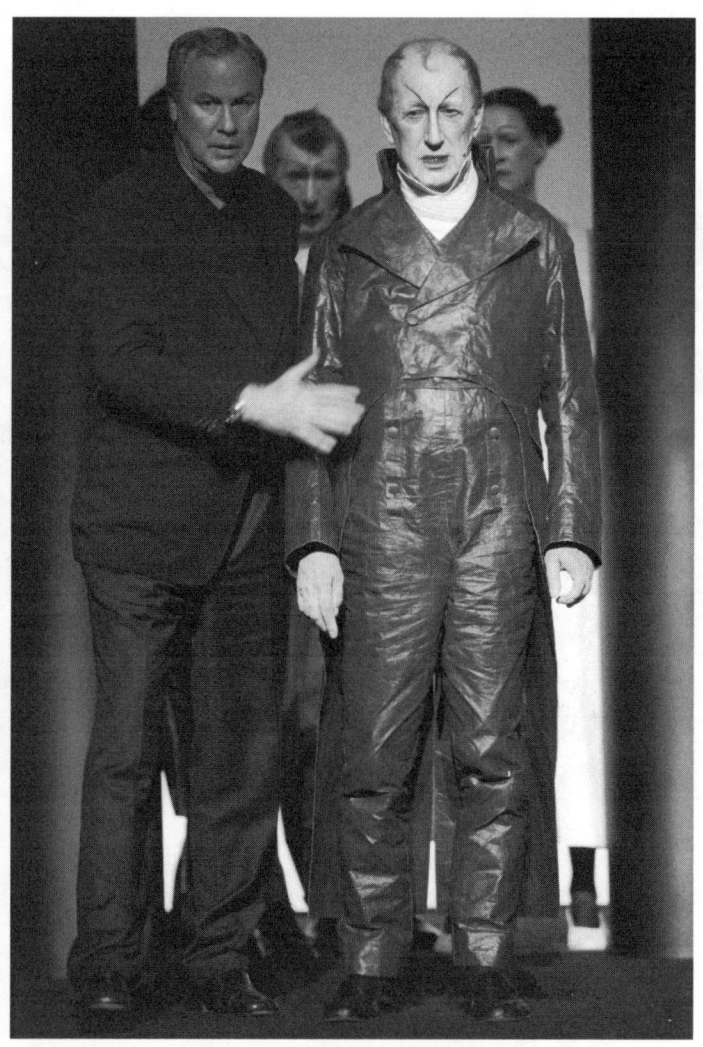

Mit Robert Wilson bei den Proben zu Leonce und Lena
Regie Robert Wilson, Berliner Ensemble 2003
Photo Brinkhoff/Mögenburg, Hamburg

Mit Herbert Grönemeyer bei den Proben zu Leonce und Lena
Regie Robert Wilson, Berliner Ensemble 2003
Photo Brinkhoff/Mögenburg, Hamburg

Editorische Notiz

Dieses Buch entstand aus vielen Gesprächen die ich mit Walter Schmidinger führte. Die Form folgt, auch in der Grammatik, bewußt dem Gespächsduktus Schmidingers, die Struktur orientiert sich biographisch. Die Arbeit an diesem Buch ist Ausdruck meiner Bewunderung für diesen Schauspieler, dessen Biographie die Schwerkraft seines Berufes ist. Dieses Buch ist der Versuch, etwas aus einer »alten« Zeit für eine Zukunft aufzubewahren, in der Zeitgeist nicht einziger Antrieb für Theater ist.

Für ihre Hilfe bei der Arbeit an diesem Buch möchte ich ganz herzlich Gerhard Ahrens, Angela Aumann, Klaus Maria Brandauer, Katharina Broich, Christin Heinrichs, Gabriele Jäckl (Deutsches Theatermuseum München), Herrn Klanke (Staatsarchiv Bremen), Stefan Kolditz, Simone de Mello, Irmtrud Meyer (Stadtarchiv und Stadthistorische Bibliothek Bonn), Julia Niehaus, Alexander Polzin, Margret Schild (Theatermuseum Düsseldorf, Bibliothek) und last but not least Robert Wilson danken.

Stephan Suschke

Rollenverzeichnis

Theater in der Josefstadt Wien
1953/54 1. Logenschließer – *Manon* (Alfred Grünwald)
1953/54 Alistair Brown, Martins Freund – *Der erste Frühlingstag* (Dodie Smith)

Städtische Bühnen Essen
1954 Titus Feuerfuchs – *Der Talisman* (Johann Nestroy)
1954 Don Perin – *Donna Diana* (Emil Nikolaus von Reznicek nach Moretto, Neufassung des Librettos Julius Kapp)

Bühnen der Stadt Bonn
1953 Leutnant Nicky – *Ein Walzertraum* (Oscar Strauss)
1954 Graf Georg v. Sparren – *Der Prinz von Homburg* (Heinrich von Kleist)
1954 Käptn Fisby – *Das kleine Teehaus* (John Patrick)
1954 König Charles – *Jeanne oder Die Lerche* (Jean Anouilh)
1954 Titus Feuerfuchs – *Der Talisman* (Johann Nestroy)
1954 Borachio – *Viel Lärm um nichts* (William Shakespeare)
1954 Puck – *Sommernachtstraum* (William Shakespeare)
1955 Prinz Trubetskoy – *Leocadia* (Jean Anouilh)
1955 Angus Fillebrown – *Das kalte Licht* (Carl Zuckmayer)
1955 Edgar – *König Lear* (William Shakespeare)
1955 Newt – *Der Renegat* (Alberto Perrini)
1955 Prinz von Aragon – *Der Kaufmann von Venedig* (William Shakespeare)
1955 Cornelius Hackl – *Die Heiratsvermittlerin–* (Thornton Wilder)

Düsseldorfer Schauspielhaus

1956 Ein Schauspieler – *Nachtasyl* (Maxim Gorki)

1956 Reporter – *Der Besuch der alten Dame* –
(Friedrich Dürrenmatt)

1956 Wolf Beifeld, Gepäckträger – *Liliom* (Franz Molnár)

1957 Der Narr – *König Lear* (William Shakespeare)

1957 Benjamin Mandelstam – *Die Hose* (Carl Sternheim)

1957 Taubstummer – *Die Irre von Chaillot*
(Jean Giradoux)

1957 Lanzelot Gobbo – *Der Kaufmann von Venedig*
(William Shakespeare)

1957 Hortensio – *Der Widerspenstigen Zähmung*
(William Shakespeare)

1958 Kirillof – *Die Dämonen* (Diego Fabbri)

1958 Mickey Maloy – *Fast ein Poet* (Eugene O'Neill)

1958 Sylvius – *Wie es euch gefällt* (William Shakespeare)

1958 Battaglia – *Die Riesen vom Berge* (Luigi Pirandello)

1958 Oberkellner – *Leocadia* (Jean Anouilh)

1958 Cliff Lewis – *Blick zurück im Zorn*
(John Osborne)

1958 Trofimow – *Der Kirschgarten* (Anton Tschechow)

1959 Chinesischer Diener (1.Tag), Don Leopold August
(3.Tag) – *Der seidene Schuh* (Paul Claudel)

1959 Lucky – *Warten auf Godot* (Samuel Beckett)

1959 Johannes Parricida – *Wilhelm Tell* (Friedrich
von Schiller)

1959 Spiegelberg – *Die Räuber* (Friedrich von Schiller)

1959 Jüngling Mendigalés – *General Quixotte oder
der verliebte Reaktionär* (Jean Anouilh)

Bühnen der Stadt Bonn

1960 Oswald – *Gespenster* (Henrik Ibsen)

1960 Stech – *Die Nashörner* (Eugène Ionesco)

1961 Richard II. – *Richard II.* (William Shakespeare)

1961 Hausknecht Muffel – *Frühere Verhältnisse* (Johann Nestroy)

1961 Landstreicher – *Die Landstreicher* (Carl Michael Ziehrer)

1961 Merkur – *Amphitryon* (Heinrich von Kleist)

1961 Leicester – *Maria Stuart* (Friedrich von Schiller)

1962 Diener Josef – *Wiener Blut* (Johann Strauss)

1962 Orlowsky – *Die Fledermaus* (Johann Strauss)

1963 Cosme – *Dame Kobold* (Calderón)

1965 Apollon – *Orestie* (Euripides)

Theater der Hansestadt Bremen

1965 Harry Berlin – *Liiiebe* (Murray Schisgal)

1965 Osric – *Hamlet* (William Shakespeare)

1965 Groenewold – *Die Unberatenen* (Thomas Valentin)

Bühnen der Stadt Bonn

1966 Julien – *Romeo und Jeanette* (Jean Anouilh)

1966 Kardinal Barberini – *Das Leben des Galilei* (Bertolt Brecht)

1966 Becket – *Becket oder die Ehre Gottes* (Jean Anouilh)

1967 Heinrich, Prinz von Wales – *Heinrich IV.* – (William Shakespeare)

1967 Mephistopheles – *Faust I* (Johann Wolfgang Goethe)

1968 Hamlet – *Hamlet* (William Shakespeare)

1969 König Kandaules – *Gyges und sein Ring* – (Friedrich Hebbel)

Münchner Kammerspiele

1969 Commodore – *Schmaler Weg in den tiefen Norden*
(Edward Bond)

Reckinghausen Ruhrfestspiele

1969 (4 Kurzrollen) – *Leonce und Lena/Woyzeck*
(Montage nach Georg Büchner)

Bühnen der Stadt Bonn

1970 Richard III. – *Richard III.* (William Shakespeare)

Freie Volksbühne Westberlin

1970 Teterew, Kirchensänger – *Die Kleinbürger*
(Maxim Gorki)

Münchner Kammerspiele

1970 Petypon – *Die Dame vom Maxim* (Georges
Feydeau)

1970 Kent – *Das Leben Eduards II. von England*
(Christopher Marlowe/Bertolt Brecht)

1971 (Werkraumtheater) Willy – *Heimarbeit /
Hartnäckig* (Franz Xaver Kroetz)

1971 Amateurschauspieler – *Tingeltangel oder
Mitternachtständchen* (nach Karl Valentin)

1971 Kaiser Maximilian – *Martin Luther & Thomas
Münzer oder die Einführung der Buchhaltung*
(Dieter Forte)

1971 Sganarelle – *Don Juan* (Molière)

1971 Mime; Gunther – *Der Ring des Nibelungen*
(Christian Enzensberger nach Wagner)

Deutsches Theater München

1971 Schreiber Licht – *Der zerbrochne Krug*
(Heinrich von Kleist)

Staatsschauspiel München
(Residenztheater, Cuvilliés Theater)

1972 Herr von Lips – *Der Zerrissene*
(Johann Nestroy)

1972 Schwedischer Hauptmann – *Wallenstein*
(Friedrich von Schiller)

Staatsschauspiel München (Residenztheater)

1973 Weinberl – *Einen Jux will er sich machen*
(Johann Nestroy)

1973 Tuchhändler Hatch – *Die See* (Edward Bond)

Deutsches Schauspielhaus Hamburg

1974 Herr von Lips – *Der Zerrissene* (Johann Nestroy)

1974 Trigorin – *Die Möwe* (Anton Tschechow)

1974 Malvolio – *Was ihr wollt* (William Shakespeare)

Staatsschauspiel München (Residenztheater)

1975 Dauphin – *Die heilige Johanna*
(George Bernard Shaw)

1976 Ernst Lachmann – *Michael Kramer*
(Gerhard Hauptmann)

1978 Richard II. – *Richard II.* (William Shakespeare)

1978 Hohes Alter – *Der Bauer als Millionär* –
(Ferdinand Raimund)

1979 Robert – *Betrogen* (Harold Pinter)

1979 Orgon – *Tartuffe* (Molière)

1979 Wagner – *Faust II* (Johann Wolfgang Goethe)

Theater in der Josefstadt Wien

   1979 Stephan von Sala – *Der einsame Weg*
          (Arthur Schnitzler)

Staatsschauspiel München (Residenztheater)

   1980 Teterev – *Die Kleinbürger* (Maxim Gorki)
   1981 Gennadius – *Der Wald* (Alexander Ostrowski)
   1981 Salieri – *Amadeus* (Peter Shaffer)

Münchner Kammerspiele

   1981 Leonce – *Leonce und Lena* (Georg Büchner)

Staatsschauspiel München
(Residenztheater, Cuvilliés Theater)

   1982 Hans Karl Bühl – *Der Schwierige*
          (Hugo von Hofmannsthal)
   1982 Der Dichter – *Reigen* (Arthur Schnitzler)
   1983 Arzt – *Nach Damaskus* (August Strindberg)
   1983 Benedict – *Viel Lärm um Nichts*
          (William Shakespeare)
   1983 Verleger – *Über allen Gipfeln ist Ruh*
          (Thomas Bernhard)
   1984 Shylock – *Der Kaufmann von Venedig*
          (William Shakespeare)

Schaubühne Berlin

   1985 Cyprian – *Der Park* (Botho Strauß)

Schauspiel der Bundeshauptstadt Bonn

   1985 Lelio – *Der Lügner* (Carlo Goldoni)

Schiller-Theater Berlin

    1985 Nathan – *Nathan der Weise*
           (Gotthold Ephraim Lessing)
    1985 Theodor – *Der Unbestechliche*
           (Hugo von Hofmannsthal)
    1986 Herr Natter – *Das weite Land* (Arthur Schnitzler)
    1987 Richard II. – *Richard II.* (William Shakespeare)
    1987 Hofrat Dr. Clarus – *Woyzeck* (Georg Büchner)

Schaubühne Berlin

    1987 Kuroslepow (Übernahme) – *Ein heißes Herz*
           (Alexander Ostrowski)

Schiller-Theater Berlin

    1988 Der Autor – *Das große Welttheater* (Calderón)
    1988 Schauspieler – *Nachtasyl* (Maxim Gorki)

Theater in der Josefstadt Wien

    1988 Henry von St. John, Viscount von Bolingbroke –
           Das Glas Wasser oder Ursachen und Wirkungen
           (Eugène Scribe)

Schiller-Theater/Schloßparktheater Berlin

    1989 Lucio – *Maß für Maß* – William Shakespeare
    1989 Diener Richard – *Elisabeth II.* (Thomas Bernhard)
    1989 Teterev – *Die Kleinbürger* (Maxim Gorki)

Schaubühne Berlin

    1990 Fürst de Ligne – *Phoenix* (Marina Zwetajewa)

Schiller-Theater/Schloßparktheater Berlin

1990 Maximilian von Moor – *Die Räuber*
(Friedrich von Schiller)

1990 Michael Kramer – *Michael Kramer*
(Gerhart Hauptmann)

1991 Argan – *Der eingebildete Kranke* (Molière)

1991 Wolke – *Nacht* (Reiner Groß)

Salzburger Festspiele

1992 Wahrsager – *Julius Cäsar* (William Shakespeare)

Schiller-Theater/ Berliner Ensemble

1993 Mörder – *Weißalles und Dickedumm*
(Coline Serreau)

Münchner Kammerspiele

1994 *Der Mond im Gras* (Bob Wilson)

Bar jeder Vernunft Berlin

1994 Kaiser Franz Joseph – *Im Weißen Rössl*
(Oskar Blumenthal/Gustav Kadelburg)

Salzburger Festspiele

1994 Cotrone – *Die Riesen vom Berge* (Luigi Pirandello)

Deutsches Theater Berlin

1995 Zauberkönig – *Geschichten aus dem Wiener Wald*
(Ödon von Horváth)

Salzburger Festspiele

1996 Habakuk – *Der Alpenkönig und der Menschenfeind*
(Ferdinand Raimund)

Volksoper Wien

   1996 Graf Lichtenfels – *Das Land des Lächelns*
         (Franz Lehár)

Deutsches Theater Berlin

   1997 Reger – *Alte Meister* (Thomas Bernhard)
   1998 Kommissar – *Wie man Hasen jagt*
         (Georges Feydeau)

Zimmertheater Tübingen

   2000 Reger – *Alte Meister* (Thomas Bernhard)

Burgtheater Wien

   2002 1. Schauspieler – *Hamlet* (William Shakespeare)

Berliner Ensemble

   2003 König Peter – *Leonce und Lena* (Georg Büchner)

THEATERREGIE

   60er *Das Feuerwerk* (Paul Burkhard) – Universität Bonn
   60er *Medea* (Euripides) – Universität Bonn
   1972 *Globales Interesse* (Franz Xaver Kroetz)–
         Theater im Marstall, München
   2000 *Die Zofen* (Jean Genet) – Zimmertheater,
         Tübingen
   2000 *Hamlet* (William Shakespeare) – Zimmertheater,
         Tübingen

FILMROLLEN

Quelle: The Internet Movie Database (22.3.2003)
http://german.imdb.com/Name?Schmidinger,+Walter –
Die Unberatenen (BRD 1966, Regie Peter Zadek, TV)
– *Tatort – Münchner Kindl* (BRD 1972, Regie Michael
  Kehlmann, TV, WS als Maitre Xavier)
– *Okay S.I.R.* (BRD 1972,TV)
– *Der Fußgänger* (BRD/CH 1973, Regie Maximilian
  Schell)
– *Eiszeit* (BRD/N 1975, Regie Peter Zadek, TV)
– *Drei Wege zum See* (A 1976, Regie Michael Haneke, TV)
– *Derrick - Das Bordfest* (BRD 08.08.1976, TV, WS als Herr
  Steiner)
– *Das Schlangenei* (USA/BRD 1977, Regie Ingmar
  Bergman, WS als Solomon)
– *Polizeiinspektion 1* (BRD 24.12.1977, TV, WS als Herbert
  Wendl)
– *Deutschland im Herbst* (BRD 1978, Regie Alf Brustellin,
  Hans Peter Cloos, Rainer Werner Fassbinder, Alexander
  Kluge, Maximiliane Mainka, Beate Mainka-Jellinghaus,
  Edgar Reitz, Katja Rupé, Volker Schlöndorff, Peter
  Schubert, Bernhard Sinkel)
– *Der Alte - Die Kolonne* (BRD 1978, TV)
– *Lemminge* – Teil 1: »Arkadien« (A 1979, Regie Michael
  Haneke, TV, WS als Prof. Georg Schäfer)
– *Geschichten aus dem Wienerwald* (BRD/A 1979,
  Regie Maximilian Schell, WS als Moderator)
– *Drei Freundinnen* (BRD 1979, Regie Konrad Sabrautzky,
  TV, WS als Psychiater)
– *Aus dem Leben der Marionetten* (BRD 1980,
  Regie Ingmar Bergman, WS als Tim)

- *Hanna von acht bis acht* (BRD 1983, Regie Egon Günther, TV)
- *Die Friedenmacher* (BRD 1984, Regie Stanislav Barabas, TV)
- *Spiel im Schloß* (BRD 1985, Regie Otto Schenk, TV, WS als Mansky)
- *Caspar David Friedrich – Grenzen der Zeit* (BRD 1986, Regie Peter Schamoni)
- *Das Totenreich* (1986, Regie Karin Brandauer, TV)
- *Der Passagier – Welcome to Germany* (GB/BRD/CH 1988, Regie Thomas Brasch, WS als zweiter Bewerber)
- *Hanussen* (HU 1988, Regie István Szabo, WS als Propaganda-Chef)
- *Ein Sohn aus gutem Hause* (A 1988, Regie Karin Brandauer)
- *Die Rachegöttin* (D 1992, Regie Wolfgang Panzer, TV)
- *Hölderlin Comics* (D 1994, Regie Harald Bergmann, WS als älterer Hölderlin)
- *Lemgo* (D 1994, Regie Jörg Grünler, TV, WS als Klinger)
- *Derrick - Eines Mannes Herz* (BRD 18.08.1995)
- *Tote sterben niemals aus* (D 1996, Regie Jürgen Goslar, TV, WS als Wolski)
- *Der Alte - Der Scherbenhaufen* (BRD 30.05.1997, TV, WS als Thomas Hellmer)
- *Opernball* (D/A 1998, Regie Urs Egger, TV, WS als Dr. Leitner)
- *Warten ist der Tod* (D 1999, Regie Hartmut Schoen, TV)
- *Der Alte - Die letzte Stunde* (BRD 02.07.1999, TV, WS als Fritz Ballfanz)
- *Scardanelli* (2000, Regie Harald Bergmann, WS liest Gedichte)

REGISTER

Inhalt

TheaterFilmLiteratur

Fritz Kortner
Aller Tage Abend
Mit einem Nachwort von Klaus Völker

Jan Kott
Leben auf Raten. Versuch einer Autobiographie

Jacques Lecoq
Der poetische Körper. Eine Lehre vom Theaterschaffen

Yoshi Oida
Zwischen den Welten
Mit einem Vorwort von Peter Brook

Ariane Mnouchkine und das Théâtre du Soleil
Herausgegeben von Josette Féral

David Mamet
Richtig und Falsch
Kleines Ketzerbrevier für Schauspieler

Regie … Luc Bondy
Herausgegeben von Dietmar N. Schmidt

Ingmar Bergman
Laterna Magica. Autobiographie

Ernst-Josef Aufricht
Und der Haifisch, der hat Zähne.
Aufzeichnungen eines Theaterdirektors
Mit einem Nachwort von Klaus Völker

Benno Besson – Theater spielen in acht Ländern
Herausgegeben von Christa Neubert-Herwig

Bitte fordern Sie das Gesamtverzeichnis an!
www. alexander-verlag.com
Postfach 19 18 24 – 14008 Berlin